AF391225

JEAN SAVINA

LE CLERGÉ DE CORNOUAILLE

A LA FIN DE L'ANCIEN RÉGIME

ET

SA CONVOCATION AUX ÉTATS-GÉNÉRAUX

DE 1789

QUIMPER

Imprimerie A. Jaouen. — Mme J. Bargain, successeur

1926

LE CLERGÉ DE CORNOUAILLE

A LA FIN DE L'ANCIEN RÉGIME

ET

SA CONVOCATION AUX ÉTATS-GÉNÉRAUX

DE 1789

INTRODUCTION

Lorsqu'au début de 1789, dans la fièvre des luttes engagées à l'occasion de la dernière tenue des États de Bretagne, le Bas-clergé breton fut, pour la première fois, appelé à participer à la vie politique de la nation, les ordres privilégiés furent saisis d'une vive inquiétude. En vue de la convocation des États généraux, le roi instituait, en fait, un ordre nouveau, le Tiers-État de l'Église, dont les intérêts ne concordaient pas avec ceux de la Noblesse et du Haut-clergé. A l'heure où le Tiers-État livrait aux privilégiés une lutte implacable, mais encore indécise, quelle allait être l'attitude du Bas-clergé ?

Allait-il, par respect de la tradition, crainte des puissances établies ou esprit de discipline ecclésiastique se ranger humblement aux côtés des privilégiés ? Ou bien, se souvenant de ses origines roturières, souffrant d'ailleurs des vieux abus et mêlé depuis longtemps au mouvement de réformes, appuierait-il hardiment les revendications du Tiers ? Enfin, une troisième éventualité pouvait être envisagée. Le Bas-clergé, uniquement soucieux de ses intérêts pouvait livrer bataille pour son propre compte et, par une savante tactique opportuniste, s'ériger en médiateur ou en arbitre entre les privilégiés et le Tiers.

Quelle fut la ligne de conduite suivie par le clergé de Cornouaille ? Y eut-il unité de vues dans le corps pastoral ? Quels furent ses doléances et ses vœux pour les Etats généraux de 1789 ? Comment procéda-t-il à la rédaction de ses vœux et à l'élection de ses députés ? Dans quelle mesure, en définitive, l'attitude du clergé paroissial concorda-t elle avec celle du Tiers-Etat des villes et des campagnes ?

Telles sont les questions que nous nous proposons d'examiner succinctement, en ce qui concerne l'évêché de Quimper. Il va sans dire que nous abordons ce sujet. fort intéressant mais peu connu, en toute impartialité, avec le seul souci de la vérité historique.

Une étude un peu complète de ces questions exigerait d'abord un examen approfondi de l'état du clergé de Cornouaille, à la fin de l'ancien régime. L'effectif de ce clergé, son recrutement, sa situation matérielle et morale, voilà ce qu'il importerait en effet de bien connaître pour comprendre le rôle du Tiers-Etat de l'Eglise, au début de la Révolution. On entrevoit aisément tout l'intérêt d'un tel sujet. Toutefois, pour ne pas sortir des limites étroites que nous nous sommes tracées, nous nous bornerons sur ce point, à une rapide esquisse qui, tout incomplète qu'elle soit, permettra, nous l'espérons, un aperçu assez exact de la situation de ce clergé, au sortir de l'ancien régime·

I

L'ÉVÊCHÉ DE CORNOUAILLE

Etendue et population. — L'évêché de Cornouaille ou de Quimper s'étendait sur une superficie d'environ 5.900 kilomètres carrés, soit 298 lieues carrées, lieues de 25 au degré. En 1778, Ogée évaluait cette superficie à 294 lieues (1). C'était, pour l'étendue, le second des évêchés bretons, équivalent aux trois évêchés réunis de Léon, Tréguier et Dol, à près de la moitié de la Bretagne bretonnante.

Les distances étaient considérables entre les parties extrêmes de l'évêché : 143 kilomètres à vol d'oiseau, de la pointe du Raz au Leslay, 75, de Bolazec à l'estuaire de la Laïta. Une trentaine de paroisses ou trèves, situées sur la rive gauche du Blavet étaient éloignées de Quimper de plus de 20 grandes lieues anciennes. Les plus écartées se trouvaient séparées du siège épiscopal par 26 lieues de mauvaises routes.

Le trait le plus caractéristique de la configuration de l'évêché était l'existence, au N.-E., d'une pointe s'enfonçant jusqu'à la longitude de Saint-Brieuc et de Vannes et couvrant tout le cœur de la Basse-Bretagne. Cette région excentrique ne se rattachait à la Cornouaille qu'au seul point de vue religieux ; elle fut toujours une dépendance féodale des grands fiefs situés plus à l'Est, relevant des juridictions ducales puis royales de Saint-Brieuc et de Ploermel (2). L'histoire de

---

(1) Ogée. *Dictionnaire historique et géographique de la province de Bretagne.* Art. Quimper.

(2) Cf., A. de La Borderie, *Histoire de Bretagne*, t. III, p. 68 et sqq. — A. Brette, *Atlas des bailliages et juridictions assimilées.*

l'évangélisation de la Bretagne explique cette singularité. Les contours de l'évêché de Cornouaille avaient suivi, à partir du VIe siècle, les vicissitudes de la tâche d'évangélisation entreprise par Saint-Guénolé, Saint-Corentin, Saint-Herbot et leurs disciples. Les limites de l'évêché, fixées dès le ixe siècle, marquaient les dernières étapes de cette évangélisation. Ultime conquête des apôtres cornouaillais, la portion orientale de l'évêché s'enfonçait, en forte saillie, jusqu'aux portes de Pontivy et de Quintin, entre les trois évêchés de Vannes, Tréguier, et Saint-Brieuc.

La population s'élevait, à la fin de l'ancien régime, à 295.000 ou 300.000 habitants (1). La densité était relativement faible, 50 au kilomètre^2 contre 96 dans l'évêché de Léon. La Cornouaille est, de tous les « pays » bretons, celui où l'accroissement de la population a été le plus rapide au cours du xixe siècle.

Divisions ecclésiastiques. — L'évêché de Quimper se divisait, depuis le moyen âge, en deux archidiaconés : celui de Cornouaille, au sud, et celui de Poher au nord. L'archi-

---

(1) Nous donnons, ci-dessous, à l'appendice, le chiffre approximatif de la population de chaque paroisse, trèves comprises. A ce sujet, nous avons utilisé les indications d'Ogée, quand elles sont corroborées par des renseignements de source différente. Nous avons tenu compte du nombre de feux porté sur certains cahiers de paroisses, en 1789, du nombre des cotes de la capitation et enfin des recensements sommaires opérés par district, en 1790, en vue de la répartition des nouvelles contributions directes et dont les résultats globaux ont été consignés, en 1791, dans le rapport du directoire au conseil du département du Finistère : (in-4°, Derrien, Quimper, 1792). Nous avons utilisé aussi l'état de la population du département des Côtes-du-Nord en 1793. (Annales de Bretagne, n° 4, 1925, p. 493).

Dans la Haute-Cornouaille, entre Carhaix, Quintin et Pontivy, la densité de la population était relativement élevée : 52 habitants au kilomètre^2. Elle était de 57, dans la Cornouaille méridionale, (sénéchaussées de Quimper, Concarneau, Quimperlé). Mais de 1789 à nos jours, l'accroissement de la population a été faible en Haute-Cornouaille, (10 % seulement), tandis que, dans la Cornouaille méridionale, il a atteint 124 %.

diaconé de Cornouaille s'étendait jusqu'aux limites septentrionales de Ploaré, Guengat et Penhars, puis sur toute la rive gauche de l'Odet, de Quimper à sa source, et jusqu'aux Montagnes Noires, au-dessus de Gourin. Cet archidiaconé peuplé d'environ 125.000 habitants comprenait 79 paroisses et 23 trèves. Au moyen âge ce territoire avait été subdivisé en 3 doyennés disposés en éventail autour de Quimper : le Cap-Sizun, au nord du Goyen, le Cap-Caval, entre le Goyen et l'Odet, le Penfoenant, entre l'Odet et l'Ellé. L'archidiaconé de Poher, plus étendu, couvrait le reste de l'évêché. Il comptait 94 paroisses et 68 trèves peuplées d'environ 165.000 habitants. Cet archidiaconé comprenait deux doyennés séparés par l'Aulne : Le Faou à l'Ouest et le Poher proprement dit à l'Est (1).

Paroisses et trèves. — On ne comptait en Cornouaille que 4 villes : Quimper, Concarneau, Quimperlé et Carhaix ayant des communautés régulièrement établies et députant aux Etats de Bretagne. Mais dans l'usage courant, on donnait aussi le nom de villes à 7 bourgades : Douarnenez, Pont-Croix, Audierne, Locronan, Châteaulin, Le Faou et Rostrenen dont la population agglomérée n'atteignait pas mille habitants et qui, pour la plupart, n'étaient que de simples trèves dépendant de paroisses rurales.

L'évêché comprenait 263 paroisses ou trèves, 173 paroisses et 90 trèves, suivant le dictionnaire d'Ogée. Il n'existe, à notre connaissance, aucune nomenclature exacte de ces paroisses ou trèves. Les statistiques anciennes ne sont guère concordantes à ce sujet. Giffard, d'après le Recueil des arrêts de règlement du Parlement de Bretagne, compte 204 paroisses (2).

---

(1) A. Longnon, *Pouillé de la province de Tours*, introduction p. LX ; p. 299, 304 et sqq.

(2) A. Giffard, *Les justices seigneuriales en Bretagne aux XVIIe et XVIIIe siècles*. Au début du XVIIIe siècle, on comptait dans l'évêché de Cornouaille 24 seigneuries ecclésiastiques et 314 seigneuries laïques.

L'almanach de Bretagne (Valar, Rennes, 1789) donne le chiffre de 200. Certains rôles d'impôts, notamment celui de la capitation, en 1770, énumèrent 24 ou 25 trèves, au même titre que les paroisses anciennes (1).

Nous croyons que le décompte devait s'établir de la façon suivante : il y avait 173 paroisses anciennes de ville ou de campagne, dont un certain nombre, environ 57 paroisses mères, donnèrent naissance à une ou plusieurs trèves. Une trentaine de ces trèves obtinrent progressivement une quasi-autonomie, eurent non seulement un clergé particulier et des registres de baptêmes, mariages et sépultures, mais encore un général et des rôles distincts pour les impôts et la corvée. Ces trèves se comportaient, au civil, comme de vraies paroisses et comptaient pour telles. Certains liens subsistaient cependant entre ces trèves et les paroisses mères : subordination du clergé, contribution à certaines dépenses extraordinaires. Les autres trèves, au nombre de 60 à 65, sans personnalité civile, n'avaient été créées que pour faciliter l'exercice du culte (2).

Les paroisses étaient d'étendue fort variable. La grande extension territoriale était la règle dans la Cornouaille intérieure ; au voisinage du littoral l'étendue était moindre. Dans l'Armor, Locamand, Bodivit, Plonivel, Treffiagat, Penmarc'h, Tréguennec, Tréogat, Primelin, Roscanvel avaient de 600 à 1.000 hectares ; Lanriec, Perguet, Plogoff ne dépassaient guère 1.100 hectares. Par contre, dans l'Argoat, les vastes paroisses de Bothoa, Plonévez-du-Faou et Duault s'étendaient sur plus de 13.000 hectares. Gourin, Guiscriff, Scaër, Elliant et Briec comptaient environ 11.000 hectares et Crozon 10.000. Généralement les grandes paroisses comprenaient une ou

____

(1) Arch. d'Ille-et-Vilaine, C. 3.981.

(2) Il existait dans l'évêché de Cornouaille 2 collégiales : celle de Carhaix comptait 4 chanoines et celle de Rostrenen 3.

plusieurs trèves ; cependant Scaër et Crozon n'étaient point subdivisées. La superficie moyenne des paroisses rurales était de 3.540 hectares, en Cornouaille ; dans l'évêché de Léon, cette moyenne ne dépassait pas 2.310 hectares.

Toutes ces paroisses ou trèves ont formé de nos jours 228 communes, dont 161 dans le Finistère, 58 dans les Côtes-du-Nord et 9 dans le Morbihan (1). 157 des paroisses anciennes sont demeurées communes, 61 trèves et 10 simples sections de paroisses ont été érigées en communes ; en revanche, 10 paroisses supprimées (2) sont devenues de simples hameaux et 30 trèves ont eu le même sort.

Les tableaux suivants indiquent clairement les rapports existant entre les paroisses ou trèves anciennes et les communes actuelles.

I. — PAROISSES et TRÈVES

```
                                    2 paroisses à 4 trèves.    8 trèves
              57 paroisses   \  5    —    3    —     15   —
173            avec trèves   /  18   —    2    —     36   —
paroisses                       32   —    1    —     32   —
                                                     ―――――
                                                     91 trèves

              116 paroisses  \  8 paroisses de ville
              sans trève     /  108   —    rurales
```

(1) Dans le Morbihan, les communes : Le Faouët, Gourin, Guiscriff, Kergrist, Langonnet, Lanvénégen, Neuillac, Roudouallec, Le Saint.

(2) Dix paroisses anciennes ne sont pas devenues communes : Beuzec-Cap-Caval (Plomeur), Bodivit (Plomelin), Cuzon (Kerfeunteun), Lababan (Pouldreuzic), Lanvern (Plonéour), Le Quilliou (Plonévez-du-Faou), Locamand (La Forêt-Fouesnant), Locmaria (Quimper), Lothéa (Quimperlé), Plonivel (Plobannalec).

En revanche, 10 localités qui n'étaient ni paroisses, ni trèves sont aujourd'hui communes : Botmeur, Le Guilvinec, Lanvéoc, Pont-Aven,

II. — PAROISSES et COMMUNES

	Communes
264 paroisses ou trèves — 173 paroisses — 157 devenues communes	157
10 supprimées........	»
6 paroisses de ville n'ont pas formé des communes distinctes. ...	»
91 trèves — 61 trèves sont devenues communes.........	61
30 trèves sont restées hameaux..	»
10 localités qui n'étaient ni paroisses ni trèves sont devenues communes................	10
Total.............	228

Aperçu de l'administration civile et militaire. — Sous l'ancien régime, en Bretagne, les évêchés servant de base à l'administration financière, la confection des rôles des impôts abonnés et leur recouvrement étaient confiés à la commission diocésaine de Cornouaille qui rendait ses comptes à la commission intermédiaire, section permanente représentant à Rennes les Etats de Bretagne dans l'intervalle des sessions. La perception des décimes du clergé de Cornouaille était faite

---

Port-Launay, Pouldavid, Tréboul, Carhaix, L'Hôpital-Camfrout et Pont-l'Abbé. Carhaix et Plouguer ne comptaient que pour une paroisse. Le prieuré de l'Hôpital n'était pas compté comme paroisse. Quant à la petite ville de Pont-l'Abbé, elle avait une situation toute particulière. Au point de vue religieux, elle dépendait des 3 paroisses de Loctudy, Plobannalec et Combrit. Au civil, sans être une communauté régulière, la ville possédait un corps politique composé de 12 délibérants, ayant à leur tête un syndic.

par Théophile Laënnec, père du célèbre médecin, avocat à Quimper, qui cumulait ces fonctions avec celles de sénéchal des Regaires et de lieutenant particulier de l'Amirauté.

Pour l'administration royale, l'évêché relevait de l'Intendant de Bretagne, Dufaure de Rochefort. Il comprenait, en totalité, les 11 subdélégations de Quimper, Pont-l'Abbé, Pont-Croix, Concarneau, Quimperlé, Le Faou, Châteaulin, Gourin, Carhaix, Callac et Corlay, plus une partie des subdélégations de Landerneau, de Quintin et de Pontivy (1).

Au point de vue judiciaire, l'évêché se partageait entre 10 sièges royaux : les sénéchaussées royales de Quimper, Concarneau, Quimperlé, Châteaulin, Châteauneuf-du-Faou, Carhaix et Gourin, en totalité. La pointe orientale de la Cornouaille relevait de 3 sénéchaussées dont les sièges se trouvaient hors de l'évêché : 7 paroisses et 11 trèves relevaient de la sénéchaussée de Saint-Brieuc, 9 paroisses et 9 trèves dépendaient de celle de Ploermel et enfin Plouguernevel et ses trèves appartenaient au siège d'Hennebont.

Ces sénéchaussées constituaient le premier dégré de juridiction royale et très souvent la juridiction d'appel des justices seigneuriales. Le présidial à son tour était une juridiction d'appel de ces sièges royaux (2). Neuf sénéchaussées relevaient du présidial de Quimper, mais le ressort de ce présidial ne concordait pas avec les limites de l'évêché. Les paroisses dépendant de la sénéchaussée de Saint-Brieuc relevaient du présidial de Rennes et celles qui se trouvaient au ressort de Ploermel et de Hennebont, ainsi que la sénéchaussée de Quimperlé appartenaient au présidial de Vannes. Cependant la majeure partie de l'évêché se trouvait au ressort du présidial

---

(1) Arch. d'Ille-et-Vilaine, C. 1.434 — 1.787.

(2) H. Bourde de La Rogerie, *Liste des juridictions exercées aux XVIIe et XVIIIe siècles dans le ressort du présidial de Quimper*, Bull. soc. archéol. du Finistère, 1920, p. 248 et sqq.

de Quimper (208 paroisses ou trèves sur 264). Aussi le sénéchal de Quimper, Le Goazre de Kervélégan, prenait-il le titre de « Conseiller du roi, sénéchal de la sénéchaussée et siège présidial de Quimper, premier magistrat de Cornouaille » (1).

La juridiction temporelle de l'évêque ou Regaires de Cornouaille s'exerçait à Quimper, dans les dépendances de l'évêché et ressortissait nuement au Parlement de Bretagne.

Outre les juridictions royales ordinaires, il existait dans l'évêché diverses juridictions spéciales dites d'attribution : l'Amirauté, pour les causes maritimes, le siège des traites pour les litiges se rapportant aux douanes et, près du présidial, le siège de la Prévôté des maréchaux. Pour les délits et litiges relatifs aux eaux et forêts de la Cornouaille, deux juridictions étaient compétentes : la Maîtrise particulière de Carhaix et la Gruerie de Quimperlé (2). En matière commerciale, la majeure partie de la Cornouaille relevait de la juridiction consulaire de Morlaix.

Au point de vue militaire, l'évêché dépendait du Gouverneur de Bretagne, le duc de Penthièvre ou plutôt de son représentant, le commandant en chef en Bretagne, le comte de Thiard. Les évêchés de Quimper, de Léon, Tréguier et Saint-Brieuc formaient l'une des trois lieutenances de Bretagne. Les deux places de Quimper et de Concarneau avaient des gouverneurs particuliers : la première, un gouverneur militaire et, la seconde, un gouverneur municipal ; mais ces officiers n'y résidaient pas. La défense des côtes de l'évêché était assurée par 5 divisions de canonniers garde-côtes ayant chacune 250 hommes. Ces divisions se rassemblaient à Landerneau, Châteaulin, Pont-Croix, Quimper et Quimperlé (3).

----

(1) Procès-verbal de l'assemblée de la sénéchaussée de Quimper, le 16 avril 1789. Arch. du Finistère, série B. Cahiers de doléances.

(2) J. Savina, *Les forêts royales en Cornouaille*. Bull. soc. arch. du Finistère, 1921, p. 83 et sq.

(3) *Almanach de Bretagne*. 1789. Rennes Vatar.

En ce qui concerne certaines administrations, les ponts-et-chaussées, l'enregistrement et les domaines, la maréchaussée, leurs « départements » ne concordaient pas avec les limites de l'évêché.

Il n'existait en Cornouaille que 5 brigades de maréchaussée : à Quimper, Quimperlé, Châteaulin, Carhaix et Le Faouet. Les brigades de Landerneau, Quintin et Pontivy, situées à proximité, étendaient leur surveillance sur une partie de l'évêché. Par contre, les bureaux des domaines et contrôle dépendant des départements de Quimper, de Landerneau et de Morlaix étaient au nombre de 25 : Quimper, Pont-l'Abbé, Pont-Croix, Douarnenez, Locronan, Briec, Rosporden, Concarneau, Pont-Aven, Quimperlé, Le Faouët, Gourin, Châteauneuf, Crozon, Châteaulin, Le Faou, Daoulas, Huelgoat, Carhaix, Callac, Rostrenen, Saint-Nicolas-du-Pélem, Corlay, Saint-Caradec et Vieux-Marché (1).

La Cornouaille, particulièrement la Haute-Cornouaille, était médiocrement pourvue de voies de communication. Les grands chemins régulièrement entretenus par la corvée royale étaient les seuls qui fussent vraiment praticables en toute saison. La grande artère passant par Quimperlé, Quimper et Landerneau, route de poste et de messageries, large de 54 pieds avait des relais à Quimperlé, Rosporden, Quimper, Châteaulin, Le Faou et Landerneau. Les autres voies, larges généralement de 40 pieds, étaient les suivantes : de Quimper à Lanvéoc par Locronan, — de Quimper à Douarnenez et Audierne, — de Quimper à Pont-l'Abbé, — de Quimper à Concarneau et de Concarneau à Quimperlé, — de Rosporden à Carhaix, par Scaër et Gourin, — de Scaër au Faouët et du Faouët à Gourin, — de Châteaulin à Guingamp par Châteauneuf, Carhaix et Callac, — de Carhaix à Morlaix, — de Landerneau à Pontivy par

---

(1) P. Ducroquet, *L'administration des droits domaniaux en Bretagne*, Annales de Bretagne, t. III, p. 145 et 393.

Carhaix et Rostrenen ; enfin dans la Haute-Cornouaille, celle de Pontivy à Guingamp par Mur et Corlay. La route de Pontivy à Saint-Brieuc, par Uzel, traversait seulement deux paroisses de l'évêché : Neuillac et Saint-Caradec. La longueur totale de ces grands chemins atteignait à peine 541 kilomètres, pour une superficie de 5.900 kilomètres^2, soit une moyenne de 9 kilomètres par 100 kilomètres^2. Cette moyenne était de 11 kilomètres pour la Basse-Bretagne et de 13 kilomètres pour l'ensemble de la Bretagne ; elle s'élevait à 14 kilomètres dans l'évêché de Léon (1).

(1) J. Savina. *Nos vieux grands chemins et la corvée en Cornouaille et en Léon* à la fin de l'ancien régime, Bull. soc. archeol. du Finistère, 1925 p. 52 et sqq.

II

ÉTAT du CLERGÉ de CORNOUAILLE

à la fin de l'ancien régime

L'ÉVÊQUE ET LE CHAPITRE

L'évêque de Quimper : Mgr Conen de Saint-Luc. — Mgr Toussaint-François-Joseph Conen de Saint-Luc, évêque de Quimper de 1773 à 1790, naquit à Rennes en 1724. Issu d'une famille de vieille noblesse, il fit ses études chez les Jésuites de Rennes, puis au séminaire de Saint-Sulpice. Pourvu de bonne heure d'un canonicat à la cathédrale de Rennes, il fut nommé par le roi abbé commendataire de l'abbaye de Langonnet, en 1766 (1). En 1773, son frère Gilles étant depuis deux ans président à mortier au Parlement de Bretagne, l'abbé Conen de Saint-Luc fut nommé à l'évêché de Quimper, le 2 mai, en remplacement de Mgr Grossoles de Flamarens transféré à Périgueux. Mgr de Flamarens n'ayant occupé le siège de Quimper que quelques mois, Mgr de Saint-Luc succédait en fait, dans l'administration de ce diocèse, à Mgr Farcy de Cuillé, mort en 1772, après 33 années d'épiscopat au siège de Saint-Corentin (2).

---

(1) A. Crosnier, *Victoire Conen de Saint-Luc*, Paris, Beauchesne, 1919, passim.

(2) Pendant plus d'un siècle, de 1668 à 1773, trois évêques seulement occupèrent ce siège, leur épiscopat ayant duré respectivement 38 ans, 32 ans et 33 ans. D'ailleurs, au cours des XVIIᵉ et XVIIIᵉ siècles, les longs

Mgr de Saint-Luc fut, comme d'ailleurs Mgr de La Marche, un protégé du duc d'Aiguillon. L'intervention du Commandant en chef en Bretagne en faveur de la nomination de l'abbé de Saint-Luc fut justifiée par les difficultés particulières auxquelles se heurtaient en Bretagne les agents du pouvoir central.

L'histoire politique de la Bretagne au xviiie siècle est remplie par une lutte incessante entre la royauté et la noblesse bretonne. Celle-ci, en défendant les droits, privilèges et libertés de la Bretagne et, par suite, son autonomie financière, judiciaire et administrative, ne songeait guère qu'à sauvegarder ses propres privilèges de classe.

D'ordinaire aux Etats de la Province, le Tiers et l'ordre de l'Eglise se rangeaient de l'avis des représentants du roi et ainsi, dans les circonstances critiques, les décisions étaient emportées à la majorité de deux ordres contre un. Mais le pouvoir central ne pouvait se passer du concours de l'ordre de l'Eglise ; il veillait donc jalousement à l'entière soumission des membres de cet ordre. Dispensateur des bénéfices majeurs, évêchés et abbayes, qui donnaient entrée aux Etats, le roi n'accordait ces faveurs qu'à bon escient. Ses agents en Bretagne, le Commandant en chef et l'Intendant exigeaient des candidats un loyalisme à toute épreuve. Le duc d'Aiguillon surtout se montra inflexible sur ce point. Il écrivait en 1762 : « J'ai représenté plusieurs fois qu'il était

---

épiscopats furent comme une sorte de tradition au siège de Quimper. Aussi la continuité du gouvernement ecclésiastique y fut plus grande que dans le reste de la Bretagne. De plus, la Cornouaille fut le seul évêché breton où des évêques d'origine bretonne se succédèrent à peu près sans interruption de 1573 jusqu'à la Révolution. (Mgr de Cuillé, né en Anjou, était breton par sa mère et Mgr de Flamarens ne passa guère plus d'un semestre en Cornouaille). Cette particularité mérite d'être notée car sur les 69 évêques qui ont administré les 9 diocèses bretons, de 1608 à la Révolution, plus des deux tiers étaient étrangers à la Bretagne.

nécessaire pour le bien du service du roi qu'on fût assuré du caractère des ecclésiastiques auxquels Sa Majesté donnerait des bénéfices en Bretagne. Il est impossible qu'un Commandant en Bretagne fasse faire aux Etats ce que le roi exige d'eux, si les distributeurs dé ses grâces n'ont pas la bonté de prendre de lui des mémoires sur ceux qui les composent et d'avoir égard à ses demandes et à ses plaintes » (1).

C'est dans ces conditions que l'abbé de La Marche fut nommé à l'abbaye de Saint-Aubin-des-Bois, en 1764, et l'abbé de Saint-Luc, à l'abbaye de Langonnet, en 1766. Sans nul doute, tous deux eurent des obligations au duc d'Aiguillon. Celui-ci, un moment tombé en disgrâce, rentra en faveur en 1771. Chef du Triumvirat, d'Aiguillon fut tout puissant jusqu'à la mort de Louis XV. C'est pendant le Triumvirat que l'abbé de La Marche fut appelé à l'évêché de Saint-Pol (27 juin 1772) et l'abbé de Saint-Luc à l'évêché de Quimper, (1er mai 1773).

Une partie de la Noblesse et du Parlement ne manqua pas d'attribuer ces nominations à l'intrigue et à la faveur. « Une calomnie contre lui (Mgr de Saint-Luc) disait qu'il aspirait à l'épiscopat et que c'était pour y mieux parvenir qu'il engageait M. son frère à tenir la conduite qu'il a tenue pendant les premiers troubles du Parlement de Bretagne » (2).

La nomination de Mgr de Saint-Luc à Quimper ne fut pas très favorablement accueillie en Cornouaille. La noblesse et la bourgeoisie savaient que la famille de Saint-Luc avait d'anciennes et fortes attaches avec les Jésuites. Dans le clergé séculier même beaucoup pensaient que le nouveau prélat serait l'instrument docile d'une puissance occulte qui conser-

----

(1) Abbé Louis Kerbiriou, *Jean-François de La Marche*, évêque comte de Léon (1729-1806), p. 22.

(2) Lettre écrite le 11 février 1791, par une religieuse de Rennes à l'abbé Boissière, ancien secrétaire de Mgr de Saint-Luc. Arch. nationales. W. 423.

vait l'esprit, les méthodes et les agents de l'illustre compagnie. Nous trouvons un écho de ces préventions dans une lettre adressée à l'évêque, en février ou mars 1774, par Le Guillou, recteur d'Elliant. « Je crois devoir à l'attachement que je vous ai voué de vous prévenir qu'on est presque généralement convaincu, dans ce pays, que Votre Grandeur est et sera totalement livrée aux Jésuites. Je débite partout et ne cesserai de répéter qu'il n'en est rien » (1).

La vérité est qu'en toutes circonstances, Mgr de Saint-Luc témoigna aux ex-jésuites une bienveillance particulière. Quelque discrétion qu'il mît dans la distribution de ses faveurs, il n'arrivait pas à détruire les préventions ni à calmer les susceptibilités d'une partie de son clergé. Nommait-il le P. Kerillis, ex-jésuite, supérieur des retraites bretonnes des femmes ? On lui écrivait : « Cela fait une très mauvaise sensation et préviendra, à coup sûr, votre clergé contre vous. D'ailleurs, les recteurs n'aiment point à être présidés par un simple prêtre ». Révoquait-il un de ses vicaires généraux qui n'avait plus sa confiance ? « Les bastionnaires criaient à l'injustice, faisant courir le bruit que l'évêque l'avait destitué pour avoir admis l'abbé Bertho à concourir avec M. Loëdon, jésuite » (2).

Mais à la longue, ces préventions tombèrent et la confiance naquit. Le trait dominant du caractère de l'évêque était la bonté, sentiment qu'il portait jusqu'à l'oubli total des injures. Cette bonté eut raison de toutes les hostilités et bientôt lui gagna tous les cœurs.

Mal conseillé, au début de son épiscopat, il prit, un moment, bien à contre-cœur, sans doute, une attitude combative qui ne convenait pas à son tempérament. A

---

(1) Arch. du Finistère, 1 G. 437. Correspondance des évêques, février 1774.

(2) Ibid.

l'exception d'un conflit passager avec la franc-maçonnerie, conflit où il fut jeté un peu à la légère par son entourage, il ne s'occupa guère de politique. Il s'efforçait d'éviter toute querelle, même s'il devait en coûter à son amour-propre ; il avait horreur des procès (1). Esprit conciliant, traditionnaliste sans raideur, loyaliste sans ambition ni ostentation, il ne fut guidé dans l'administration de son diocèse que par le souci des intérêts purement religieux. Il s'est peint tout entier dans ce vœu qu'il exprimait quelques mois avant sa mort : « Qu'on rende à Dieu son culte, au roi son autorité, je donnerais ma chemise » (2).

Mgr de Saint-Luc et la franc-maçonnerie. — En 1776, un conflit surgit entre Mgr de Saint-Luc et les francs-maçons de Quimper. L'incident qui le fit naître, bien mince en soi, prit cependant les proportions d'un grand évènement, parce qu'il se rattachait à la grande lutte, qui au milieu du xviiie siècle, mit aux prises les Parlements, les Jansénistes, les philosophes et les francs-maçons, d'une part, les Jésuites, le parti des dévots et des absolutistes, d'autre part.

En 1773, l'année même où, après de longues hésitations, le pape consentit à la suppression de l'ordre des Jésuites, la franc-maçonnerie française prenait une vigueur nouvelle par la fondation du Grand-Orient, sous les auspices du duc de Chartres, le futur duc d'Orléans, Philippe-Egalité. La franc-maçonnerie fut particulièrement active après la mort de Louis XV et la chute de d'Aiguillon, considéré comme l'instrument des Jésuites (3). Louis XVI et ses frères étaient

---

(1) « Je n'aime point les procès et la Providence permet qu'il m'en arrive tous les jours pour ainsi dire ». Lettre du 3 février 1788. Arch. nationales, W. 423.

(2) Arch. nationales, W. 423. Lettre du 23 janvier 1790.

(3) Louis Amiable, *Une loge maçonnique d'avant 1789 : Les neuf sœurs*, p. 9 et sqq.

francs-maçons. Depuis 1774, le Grand-Orient avait son siège à l'ancien noviciat des Jésuites ; il semblait que le Grand-Orient succédât à la compagnie de Jésus. C'était le temps où Mirabeau, pour organiser la propagande maçonnique, invoquait l'exemple des Jésuites : « Nous avons des vues toutes contraires, disait-il, celles d'éclairer les hommes, de les rendre libres et heureux ; mais nous devons et nous pouvons y parvenir par les mêmes moyens. Et qui empêcherait de faire pour le bien ce que les Jésuites ont fait pour le mal ? » (1).

La franc-maçonnerie trouvait de nombreux adeptes dans tous les ordres : noblesse, bourgeoisie, clergé. Le nombre relativement considérable des ecclésiastiques francs-maçons inquiétait le parti des dévots. Bien qu'à deux reprises, en 1738 et en 1751 le pape eût fulminé l'excommunication majeure contre les adeptes de la franc-maçonnerie, la plupart des loges comptaient de nombreux ecclésiastiques gallicans. Les parlements d'ailleurs refusèrent d'enregistrer les bulles pontificales. Le 11 mars 1776, c'est un abbé, homme de lettres, Cordier de Saint-Firmin, qui prend l'initiative de la constitution d'une nouvelle loge à Paris, celle des Neuf-Sœurs, et c'est le même abbé qui, en 1778, présente Voltaire à l'initiation maçonnique.

D'autre part, malgré la suppression de leur ordre, les Jésuites demeuraient puissants. Aussi la lutte continua, plus sournoise mais non moins ardente. Après leur dispersion, de nombreux ex-jésuites étaient rentrés dans leur diocèse d'origine et y occupaient généralement des postes de choix, sans avoir rien abandonné de leur ardeur combative. Ils ne cessaient de dénoncer la propagande maçonnique et l'alliance prétendue scandaleuse de certains ecclésiastiques avec les destructeurs de leur ordre.

----

(1) Louis Barthou, *Mirabeau*, p. 57.

C'est dans ces conditions que Mgr de Saint-Luc jugea à propos d'attaquer, de façon discrète et voilée d'ailleurs, les francs-maçons quimpérois.

Dès 1774, Le Guillou, recteur d'Elliant, promoteur du diocèse, dénonçait à son évêque l'influence croissante de la franc-maçonnerie à Quimper et préconisait des mesures préventives.

« On annonce, à Quimper, que M. de Tréverret (1) est sénéchal de Rennes et que M. de Kervélégan est sur les rangs pour le remplacer, à Quimper. Je crois devoir, en conséquence, vous prévenir, Monseigneur, que ce M. de Kervélégan est franc-maçon outré et notoire et que s'il devenait sénéchal de votre ville de Quimper, il ne manquerait pas de favoriser avec succès cette misérable société qui depuis quelque temps a fait beaucoup de progrès et en fait encore de jour en jour.

« Presque tous les ordres y fournissent des associés et notamment le Présidial, sans compter M. de Kervélégan. On assure même comme indubitable que M. l'abbé de Reymond est du nombre ainsi qu'un ou deux autres de vos chanoines. Un célèbre procureur du Présidial a dit devant moi, il y a trois ou quatre mois, que désormais malheur à ceux qui, n'étant pas francs-maçons, auraient des procès à ce tribunal contre ceux qui le seraient, par la raison que la plupart des juges l'étaient.

« Comme le roi s'est réservé, dit-on, la nomination de tous les sénéchaux de son royaume, vous pourriez aisément, Monseigneur, engager M. le Chancelier (2) à exclure de cette

---

(1) Léon de Treverret, sénéchal de Quimper, fut nommé, le 6 août 1774, sénéchal de Rennes. Son successeur au présidial de Quimper, Le Goazre de Kervélégan, fut installé le 31 août 1774.

(2) A ce moment, Moupeou était encore Chancelier, mais il n'était plus en crédit. Maurepas obtint son renvoi, le 24 août 1774.

charge M. de Kervélégan, en cas que vous le jugeriez convenable. Vous pourriez encore, Monseigneur, faire donner des ordres pour saisir les papiers et autres effets des francs-maçons et pour empêcher ces assemblées désapprouvées par la religion. Mais je crois qu'il vaudrait mieux donner cette commission au lieutenant-prévôt, pour ne pas compromettre les juges » (1).

En 1776, il existait à Quimper 2 loges dont la plus prospère, la Parfaite union, avait pour vénérable l'abbé de Reymond, chanoine, conseiller au Présidial. Cette loge comptait dans son sein des nobles, des magistrats, des négociants, des médecins, des procureurs (2), « tenant dans la ville un rang et une autorité qui les rendaient redoutables ».

Le samedi 8 juin 1776, à la fin d'une grande mission donnée à Quimper, avec le concours de 40 des prêtres les plus distingués de son diocèse, Mgr de Saint-Luc, « sollicité de prêcher contre une certaine association formée depuis plusieurs années en cette ville, au grand scandale de la religion et des mœurs » et qui « ne tend à rien moins qu'à conduire au déisme et au libertinage », exhorta ses auditeurs « à fuir ces conventicules ».

« Sans nommer cette association, écrit Mgr de Saint-Luc, j'en dis assez pour faire connaître celle des francs-maçons qui fait beaucoup de mal dans ce diocèse » (3). Faisant allusion au droit d'entrée exigé des nouveaux francs-maçons, droit relativement considérable, gage, en quelque sorte, de

---

(1) Lettre du 22 juillet 1774. — Arch. du Finistère. 1 G. 437.

(2) Cf. Gustave Bord, *La franc-maçonnerie en France des origines à 1815*, t. I, p. 464. Le journal « *Le Finistère* » a publié dans un feuilleton, du 11 avril 1896, une liste de membres de « La Parfaite union ».

(3) Déposition de Mgr de Saint-Luc, publiée par Téphany. *Histoire de la persécution religieuse dans les diocèses de Quimper et de Léon de 1790 à 1801*, in-8° Quimper 1879, p. 115 et sq.

leur sincérité, l'évêque affirma « qu'il s'était commis des escroqueries, sous prétexte d'association, tant en ville qu'à la campagne et qu'on en avait la preuve ». Il y eut un grand émoi dans l'aristocratie quimpéroise. Les francs-maçons mirent le prélat au défi de renouveler ses accusations. L'évêque récidiva, le dimanche 9 juin, mais, sur-le-champ, il reçut du procureur du roi au Présidial une assignation à comparaître, le lendemain, 10 juin, à 10 heures du matin, à la Chambre du conseil, « devant M. le lieutenant civil et criminel dudit siège, pour déposer, comme témoin, contre les auteurs, fauteurs et complices de certaines escroqueries commises sous prétexte d'association ». Le lieutenant civil et criminel n'était autre que Bobet de Lanhuron, qui « se faisait gloire » d'être officier de la loge « La Parfaite union ».

L'évêque répliqua qu'il ne croyait pas devoir comparaître, n'ayant sur cette affaire que les renseignements fournis par un gentilhomme quimpérois, M. de Geslin, témoin également assigné. Un nouvel exploit fut immédiatement envoyé à l'évêque pour l'obliger à comparaître. Il se rendit à cette convocation mais refusa de s'expliquer, estimant que le sermon par lui prononcé à la cathédrale n'était pas de la compétence des juges du Présidial. Ainsi, l'évêque soulevait une exception de principe qui mettait en conflit l'épiscopat et la magistrature civile. Le débat allait s'élever et s'élargir : c'était inévitablement ranimer la vieille querelle des Parlementaires et des Jésuites. De part et d'autre, on le comprit. D'extrême urgence, l'évêque en informa ses amis de Rennes, les Agents du clergé et le Garde des sceaux, tandis que les magistrats en référaient au Parlement de Bretagne.

Dès le 14 juin, à Rennes, le parti des Jésuites s'occupe de la défense de Mgr de Saint-Luc. Des conseils sont adressés au prélat sur la conduite à tenir, car on présume que l'incident aura des suites graves.

Rennes, 14 juin 1776 (1).

A Monsieur l'Evêque de Quimper,

« Vos deux lettres m'ont donné lieu de faire bien des réflexions et de voir beaucoup de monde. Tout bien examiné, vous avez pris le bon parti. M le marquis d'Aubeterre sera à Quimper, à peu près dans le même temps où vous recevrez cette lettre. Informez-le de tout ce qui s'est fait dans votre ville, de tout ce que vous avez écrit au Ministre.

« En l'informant de ces deux objets, gardez bien votre air naturel, afin qu'il soit convaincu qu'il n'y a aucun esprit de parti chez vous et que ce n'est point un zèle indiscret qui a dicté vos démarches. Votre cause, en ce moment, ne me paraît point être celle de M. l'abbé de Saint-Luc qu'on croit pouvoir croquignoler sans conséquence, mais celle d'un évêque qui n'a fait que son devoir...

« ... Il faut caver au plus fort, dans cette affaire. A la tournure qu'elle prend, je ne serais point surpris qu'on vous décrétât. Cela fera un procès entre le corps épiscopal et les présidiaux. L'avenir nous apprendra de quel côté sera le succès. Vous savez qu'on ne se familiarise point à voir un évêque décrété ; vous avez vu aussi que de pareils maux, il résulte de très grands biens. Allez votre train, soutenez votre modeste contenance.

« J'ai informé mon prélat (2) de tout ce que vous me marquez ; vous feriez bien de l'en instruire vous-même. Il aime son ordre et, ne serait-ce que par honneur, il fera l'impossible. Cette marque de confiance d'ailleurs lui fera plaisir.

« Conservez votre sérénité ; cela est nécessaire à tous égards.

---

(1) Lettre non signée, émanant vraisemblablement d'un dignitaire ecclésiastique de l'évêché de Rennes. Arch. du Finistère, 1 G, 437.

(2) Mgr François Bareau de Girac, évêque de Rennes.

Plus on vous fera de mal et plus on vous servira. Je ne vous blâme point d'avoir comparu : M. Duparc-Poullain, (t. ix, p. 361) est de votre avis (1) ».

L'affaire fit grand bruit. Le Garde des Sceaux et le Parlement de Bretagne en informèrent. Le lieutenant civil et criminel, Bobet de Lanhuron, et le procureur du roi furent mandés à Versailles. Peu après, Mgr de Saint-Luc reçut avis de sa nomination à l'évêché de Saint-Flour, pour le soustraire aux persécutions dont il était l'objet, en Cornouaille. L'évêque fit agréer au roi sa profonde reconnaissance, mais refusa formellement cette marque de bienveillance. Sur sa demande, il fut maintenu à Quimper : « il espérait, avec la grâce de Dieu, gagner, par ses bons procédés, celles de ses ouailles qui s'étaient écartées du sentiment qu'elles devaient à leur pasteur (2) ». Mais il ne fallut rien moins que l'intervention personnelle du roi pour arrêter l'affaire.

Il semble, d'ailleurs, qu'à Quimper on ait mis, de part et d'autre, une égale bonne volonté à clore ce fâcheux incident et que, dans la suite, les francs-maçons quimpérois n'eurent qu'à se louer de la courtoisie et des bons procédés de Mgr de Saint-Luc.

Revenus de l'évêque. — Les revenus de l'évêché de Quimper provenaient 1° des dîmes : 8094 l., des fermes des terres, moulins et fours : 4.434 l , des rentes, casuels et cheffrentes du fief des regaires : 3.637 l., du produit de la juridiction des regaires : 1.500 l., au total, d'après l'état fourni par l'évêque en 1790 : 17.665 l.

La mense abbatiale de Landévennec, unie à l'évêché depuis 1783, avait un revenu de 17.410 l. Le revenu global atteignait 35.076 l.

---

(1) Arch. du Finistère, 1 G, 437.
(2) Abbé Téphany, *Histoire de la persécution religieuse*, op. cit. p. 15.

Les charges étaient d'appréciation difficile. Elles furent particulièrement lourdes en 1789 et 1790 et certaines sources de revenus étaient taries dès 1789. Le revenu net pouvait être évalué, en 1788, à environ 22.000 l. (1).

Revenus du Chapitre. — Le chapitre de la cathédrale de Quimper comprenait 4 dignités et 16 canonicats. A chacune des dignités étaient attribuées les dîmes ou gros fruits d'une paroisse. C'étaient, pour l'archidiaconé de Cornouaille, (abbé Descognets) les dîmes de Beuzec-Cap-Caval ; pour l'archidiaconé de Poher (abbé Du Laurents, vicaire-général), celles de Plonévez-du-Faou ; pour la chantrerie, (abbé Louis-Jean Gilart de Larchantel, vicaire-général) celles de Merléac et, pour la trésorerie, (abbé Thiberge) celles de Pluguffan (2).

Le chapitre de Quimper était pauvrement doté. Au dire des chanoines, en 1780, « il n'était peut-être pas de chapitre d'église cathédrale aussi maltraité que celui de Quimper ». Pour rendre à leur église « une partie de cette ancienne splendeur qu'elle avait perdue », les chanoines demandaient l'union de la riche abbaye de Daoulas à la mense capitulaire (3). En vain, Msr de Saint-Luc tenta de remédier à cette pauvreté qui contrastait de façon choquante avec l'opulence de certains chapitres de petits évêchés, comme celui de Dol.

Les revenus des 16 canonicats, fort inégaux, variaient de 100 à 2.500 l. ; 5 prébendes dépassaient légèrement 2.000 l., les autres n'atteignaient pas 1.000 l.

Outre les prébendes attachées aux dignités et canonicats, les chanoines jouissaient de revenus communs : obits et fondations à la cathédrale, pain du chapitre, revenus des maisons

---

(1) D. Bernard, *Le fief des reygnires de Cornouaille au Cap-Sizun*, Bull. soc. archéol. du Finistère. 1911, p. 124.

(2) Arch. du Finistère, 1 G. 457, 459. — Cf. Abbé Peyron, *Prébendes et revenus du chapitre de Cornouaille*, broch. in-8 Quimper, Leprince, 1900.

(3) A. Peyron, *Prébendes*, op. cit, p. 12.

prébendales. Ces revenus communs ne devaient pas être infé-
rieurs à 6.000 l. A lui seul, le revenu connu sous le nom de
pain du chapitre, comprenant les dîmes des 3 grandes paroisses
de Plonéour-Lanvern, Trégunc et Glomel pouvait être évalué
à plus de 4.000 l., en 1779, et ces prébendes collectives
acquirent, comme les rentes en nature, dix ans plus tard, une
importante plus-value.

L'ensemble des revenus du chapitre, des dignités et canonicats était estimé, en 1780, à 19.000 ou 20.000 l. seulement,
abstraction faite, il est vrai, des obits, fondations et revenus
des maisons prébendales. En fait, il semble, d'après les rôles
des décimes, que l'évaluation ait été portée, en 1789, à environ
29.000 l., soit une augmentation de 45 % qui s'explique par
une estimation plus sévère de la totalité des revenus et surtout
par la plus-value des dîmes.

**Les variations des revenus ecclésiastiques au XVIIIe
siècle.** — Les revenus ecclésiastiques étaient essentiellement
variables. Provenant, en majeure partie, des dîmes ou de rentes
payables en nature, ces revenus subissaient de grandes fluc-
tuations, tant en raison de l'abondance des récoltes que du
prix des céréales. Dans la sénéchaussée de Quimper, le prix
des grains augmenta d'environ 50 %, entre 1750 et 1789 (1).
La valeur nominale des revenus ecclésiastiques dut s'accroître
dans la même proportion. Divers indices en témoignent. Le
moulin de l'évêque (à Quimper), rapportait 2.200 l. en 1757 ;

---

(1) En 1750 et 1751, vers la Saint-Michel, c'est-à-dire quelques
semaines après la récolte, le froment valait 6 l. 50 le boisseau, le seigle
3 l. 50, l'avoine 2 l. 20, l'orge 2 l. 50, le blé noir 2 l. 50 à 3 l. En
septembre 1788, le froment valait 9 l., le seigle 5 l., l'avoine 4 l., l'orge
4 l., le blé noir 4 l. 50 et les fèves 6 l. Au printemps de 1789, il y eut un
renchérissement d'environ 10 % sur les prix de 1788. — Arch. d'Ille-
et-Vilaine, C. 1715. — Arch. du Finistère, série B. Cahier de doléances
de Pont-l'Abbé, artisans. — A. Du Châtellier, *Recherches statistiques*,
t. III, p. 115.

le bail à ferme du même moulin passa à 2.700 l. en 1782. Aussi la portion congrue de 500 l. qui pouvait paraître raisonnable vers 1768, était-elle tout à fait insuffisante à la veille de la Révolution.

Le renchérissement général des denrées et, sans doute, aussi, dans une certaine mesure, le progrès agricole se traduisant par l'extension de la culture ou l'amélioration des rendements, eurent pour effet un accroissement correspondant des revenus. Cet accroissement fut particulièrement sensible pour les bénéfices sans charge d'âmes : prébendes et bénéfices dépendant des abbayes. En effet, l'édit de 1786, portant de 500 l. à 700 l. la portion congrue n'ayant pas été appliqué en Bretagne, le taux d'accroissement des revenus nets de cette catégorie de bénéfices se trouva, en quelque sorte, presque doublé. Aussi les prébendes de Bannalec et de Névez, par exemple, évaluées chacune 1.800 l. en 1779, déduction faite des portions congrues, pouvaient être estimées 2.500 l., dix ans plus tard.

LE CLERGÉ RÉGULIER

A la veille de la Révolution, en Bretagne, comme dans le reste du royaume, le clergé régulier était en pleine décadence. En Cornouaille, ce clergé ne jouait plus qu'un rôle effacé. Le nombre des religieux de tous ordres y était d'ailleurs restreint : 60 à 70 membres, tout au plus, dispersés en 7 abbayes (Daoulas, Landévennec, Saint-Maurice, Sainte Croix, Langonnet, Bon-Repos, Coatmalouen) et 7 couvents. Des catholiques éclairés et peu suspects de tiédeur à l'égard du clergé reconnaissaient, comme Alexandre de La Roque, médecin et ami de Mgr de Saint-Luc, qu'à la veille de la Révolution, « le cloître avait grand besoin de réforme » (1). En

____

(1) Arch. nat. W 304. Lettre de Trémaria de La Roque à son frère, capucin, 28 janvier 1791.

revanche, les communautés de femmes, qui se recrutaient dans la noblesse et la meilleure bourgeoisie, continuaient à prospérer. Les congrégations hospitalières et enseignantes rendaient des services appréciables. Elles n'avaient pas été atteintes par le discrédit qui avait frappé-les congrégations d'hommes. Aussi l'abbaye de Kerlot (Quimper) et les 13 couvents de femmes comptaient-ils en moyenne de 20 à 25 membres (1).

Les abbayes d'hommes, plus nombreuses en Cornouaille qu'en aucun autre diocèse breton, étaient toutes situées sur le pourtour de l'évêché, comme une ceinture de forteresses. L'abbaye du Relecq, en Léon, mais à la limite de la Cornouaille où elle possédait d'ailleurs la moitié de ses domaines, complétait, au nord, cette ceinture. Ces abbayes avaient beaucoup souffert d'un errement funeste : la commende. Toutes étaient bien déchues ; même celles de Sainte-Croix, de Landévennec et de Daoulas, qui avaient jadis tenu une si grande place dans notre histoire locale, traînaient une existence languissante Ni la royauté, ni le peuple n'étaient plus favorables à ces institutions.

Par ordre du roi, la Commission des réguliers, dès 1768, et la Commission de l'Union, à partir de 1779, opérèrent des coupes sombres dans les diverses communautés religieuses (2). Même sans la Révolution, les congrégations d'hommes, tout au moins, semblaient vouées à une destruction prochaine. Déjà, la monarchie avait entrepris de les réduire « à un état de défaillance peu différent de la mort ».

Certaines paroisses cornouaillaises, entre autres, Plougastel-Daoulas, demandent, en 1789, la réduction ou même « la

---

(1) Cf. Chanoine Peyron, *Documents pour servir à l'histoire du clergé*, t. I, p. 395, 400 et passim.

(2) L. Lecestre, *Abbayes, prieurés et couvents d'hommes en France*, liste générale, d'après les papiers de la commission des réguliers en 1768. Paris, Picard, 1902.

suppression de plusieurs monastères et abbayes propres à
fomenter l'indolence et la mollesse, en enlevant des hommes
à la culture et à l'industrie et aux différentes professions
utiles à l'État » (1). Le cahier de Pont-Croix, approuvé sur ce
point par l'assemblée générale de la sénéchaussée de Quimper,
exprime le vœu « que les revenus immenses des moines,
arrachés, pour la plupart, à la superstition, dans des siècles
d'ignorance, soient annexés aux fonds de l'État et employés
à l'extinction de ses dettes et que les membres des communautés abolies soient plus utilement employés au service des
paroisses des campagnes où l'on se plaint de la disette de
prêtres » (2).

Le cahier général de la sénéchaussée de Quimperlé demande
« la suppression des abbés commendataires et des prieurs
sans charge d'âmes ». La ville de Quimper pense qu'une
partie, tout au moins, des revenus des abbayes en commende
serait plus utilement employée, si elle était appliquée à
l'amélioration du sort du clergé paroissial. Quant aux
artisans de Pont-l'Abbé, ils veulent « que toutes les pensions
du clergé soient réglées à des pensions modiques et raisonna-
bles ; que le surplus des bénéfices et rentes des communautés
rentées retournera au profit de Sa Majesté, pour payer les dettes
nationales, ainsi que le surplus des dîmes et que toutes les
abbayes soient supprimées » (3).

REVENUS DES ABBAYES

Sainte-Croix de Quimperlé (4). — Nature des revenus :

(1, 2, 3) Arch. du Finistère, série B. Cahiers de doléances des
paroisses citées.

(4) A Quimperlé, au Bourg-Neuf, paroisse de Rédéné, se trouvait une
autre abbaye, dite Abbaye Blanche (ordre des Dominicains). Quoique
située en l'évêché de Vannes, l'Abbaye Blanche percevait près de la
moitié de ses revenus en Cornouaille. Outre la maison conventuelle et

Revenus des domaines congéables, métairies,
    manoirs et maisons...................... 16.078 l.
Cheffrentes, rentes foncières et censives....... 1.283 l.
Droits de coutume, halles, greffes, pêcheries,
    casuel des juridictions................... 4.945 l.
Douze moulins banaux (5.205 l.), 3 fours
    banaux (450 l.)........................ 5.655 l.
Dîmes, (en Mellac, Lothéa, Quimperlé, Redéné). 3.273 l.

         Revenu global............ 31.235 l.

(Non compris le monastère, la maison abbatiale et leurs
dépendances dont l'évaluation est difficile) (1).

Origine de ces revenus :

Quimperlé (manoir de Saint-Nicolas, prairies, droits féodaux,
dîmes, 3 moulins et 2 fours banaux, rentes et cheffrentes),
5.790 l. ; seigneurie de Callac (en Botmel, trève de Plusquellec), 5.661 l. ; seigneurie de Houzillé (paroisse de Vergéal,
près d'Argentré (Ille-et-Vilaine), 5.600 l. ; Saint-Thurien
(2 manoirs et 35 tenues), 2.556 l. ; Bannalec (la trève de Trébalay, presque entière), 2.544 l. ; Mellac (dîmes et bois taillis),
2.506 l. ; Moëlan (la seigneurie de Chef-du-Bois), 1.887 l. ;
Lothéa (rentes convenancières et dîmes), 1.600 l. ; Duault
(prieuré de Landugen), 1.200 l. ; Clohars-Carnoët, 805 l. ;
Guiscriff, 549 l. ; Baye, 271 l. ; Redéné, 150 l. ; Querrien,
92 l. ; enfin, quelques cheffrentes, au Faouët, Trégunc, Locunolé et Arzano.

---

ses dépendances, ses revenus montaient à 2.525 l. (jardins, vergers,
maisons et domaines congéables. 1.027 l., rentes foncières ou censives et
constituts, 1.318 l., four banal (au Bourg-Neuf), 180 l. Les biens de
cette abbaye étaient éparpillés en 11 paroisses, dont 5 en Cornouaille
(Saint-Colomban, Lothéa, Moëlan, Clohars et Saint-Thurien).

(1) Arch. du Finistère, série Q (papiers non classés). Rapport de la commission nommée, le 6 juillet 1790, pour l'évaluation des biens des abbayes
de Sainte-Croix et de Saint-Maurice. — Arch. d'Ille-et-Vilaine, C. 1.243.

Le dernier abbé commendataire de Sainte-Croix, Guillaume Davaux, instituteur du Dauphin, recevait, en vertu d'un traité conclu en 1759, entre l'abbé et la communauté, une pension annuelle de 8.000 l., quitte de toutes charges (1).

Saint-Maurice de Carnoët (2). — Dîmes, (surtout à Clohars-Carnoët, Moëlan et Riec)............ 10.180 l.
Revenus des métairies, domaines congéables, terres et maisons .... 5.456 l.
Rentes foncières, censives et constituts .... 3.458 l.
5 moulins banaux .... 923 l.

                Total............ 20.017 l.

Un mémoire adressé par l'abbé de Keroulas au district de Quimperlé, le 11 septembre 1790, évalue le revenu global de l'abbaye de Saint-Maurice à plus de 22.000 l.

Ces revenus provenaient de Clohars-Carnoët, 7.881 l. ; de Moëlan, 4.161 l. ; de Riec, 3.193 l. ; de Quimperlé, 2.316 l. ; Guidel, 740 l. ; Ploemeur, 526 l. ; Nizon, 332 l. ; Névez, 130 l. ; Ile de Groix, 110 l. ; de Scaër, Tourch, Leuhan et Querrien, 628 l.

L'abbé Jérôme-François de Keroulas, chanoine et grand vicaire de Saint-Pol-de-Léon, quand il reçut en commende l'abbaye de Saint-Maurice se contenta de la pension de 5.300 l. servie par les religieux à son prédécesseur. Au dire de l'abbé de Keroulas, en 1790, cette pension eût dû être de 7.300 l. L'abbé de Saint-Maurice consentait au surplus à payer à l'abbé Deric, chanoine de Dol, une pension de 3.000 l., réduite en fait à 2.100 l. Son abbaye ne lui rapportait donc net que 3.200 l.

---

(1) Le Men. *Histoire de l'abbaye de Sainte-Croix*, p. 563 et sq.

(2) Arch. du Finistère, série Q (papiers non classés). Evaluation des biens de Saint-Maurice par les commissaires Birquelle, Mancel et Hervo, le 25 août 1790.

Dans une requête, du 11 septembre 1790, l'abbé de Keroulas déclarait qu'il « ne doit ni à l'intrigue ni à la faveur l'abbaye que le roi lui avait accordée : 10 années de rectorat à la paroisse Saint-Martin de Morlaix, 22 années comme grand vicaire de Saint-Pol-de-Léon, commissaire des Etats de Bretagne pendant 6 ans, voilà ses titres ».

L'abbé de Keroulas jouissait d'autres revenus : 1° une pension sur l'abbaye de La Meilleraie, au diocèse de Nantes, 1.500 l. ; 2° la chapellenie de Saint-André, à la présentation du chapitre de Léon, desservie à la cathédrale, 578 l. ; 3° l'archidiaconé d'Acre, 407 l. ; 4° un canonicat dans l'église cathédrale de Léon dont le produit, année commune, toutes charges déduites, était de 2.597 l. ; au total, un revenu net de 8.282 l. (1).

Landévennec (Bénédictins de Saint-Maur). — La mense abbatiale de l'abbaye bénédictine de Landévennec était, depuis 1783, unie à l'évêché de Quimper. Les revenus de cette mense s'élevaient, en 1790, à 17.410 l. Les revenus de la mense conventuelle, (abstraction faite des revenus du prieuré de Batz, dont les décimes se payaient à Nantes), pouvaient être évalués à plus de 8.000 l. Le revenu global atteignait environ 26.000 l. (2).

Daoulas (ordre de Saint-Augustin ou chanoines réguliers). — Cette abbaye avait été unie, à la fin du xviiᵉ siècle, au séminaire de la Marine, à Brest. Après la dissolution de l'ordre des Jésuites, en 1763, les biens de l'abbaye furent régis par économat. En 1772, la ferme des bénéfices de cette abbaye fut

---

(1) Arch. du Finistère, Lv. clergé. Requête de M. de Keroulas au district de Quimperlé.

(2) P. Peyron et J.-M. Abgrall, *Notice sur Landévennec*, Bull. diocésain d'histoire et d'archéologie, 1917, p. 201.

adjugée au sieur Bertrand à Lesneven, pour la somme de 22.000 l. (1). Mgr de La Marche évaluait ses revenus, quelques années avant la Révolution, à 26.000 livres. L'évaluation pouvait être portée à environ 29.000 l., en 1789.

Langonnet, Coatmalouen et Bon-Repos. — Les rôles des décimes permettent d'établir approximativement les revenus des 3 autres abbayes cornouaillaises, Langonnet (ordre de Cîteaux), Coatmalouen (ordre de Cîteaux) et Bon-Repos (ordre de Cîteaux) qui payaient respectivement, en 1789, 3.661 l., 2.901 l. et 5.030 l. Suivant le barême adopté pour Sainte-Croix, Saint-Maurice et Daoulas, les revenus globaux pouvaient être évalués comme suit : Langonnet, 30.000 l. ; Coatmalouen, 26.000 l. et Bon-Repos, 34.000 l.

Ainsi, au total, les revenus des 7 abbayes d'hommes pouvaient atteindre 196.252 l. (2).

Les revenus de l'abbaye des religieuses de Kerlot étaient taxés avec ceux de cette communauté.

Autres communautés. — Les autres communautés, relativement récentes, avaient peu de biens fonciers.

Hommes :

Outre les 7 abbayes, il existait, en Cornouaille, 7 communautés d'hommes : les Cordeliers de Quimper (950 l.) ; les Carmes de Pont-l'Abbé (2.500 l., un document porte 4.000 l.) ;

---

(1) Arch. d'Ille-et-Vilaine, C. 1255.

(2) D'après l'évaluation faite, en 1790, les revenus des abbayes du Léon étaient : Le Relecq (ordre de Saint-Bernard), 20.700 l. ; Saint-Mathieu (ordre de Saint-Benoît), 18.000 l. Cf. abbé Kerbiriou, *Jean-François de La Marche*, op. cit. p. 126.

L'abbé de Robien, vicaire général d'Auxerre, commendataire de Saint-Mathieu, recevait de son abbaye une pension de 3.800 l.

L'abbaye du Relecq, sans titulaire, depuis 1784, était affectée aux Economats.

les Carmes de Carhaix (1.250 l.) ; les Augustins de Carhaix
(1.520 l.). Les Capucins de Quimper, d'Audierne et de Quimperlé, appartenant à un ordre mendiant, étaient censés n'avoir
aucun revenu et ne figurent pas au rôle des décimes. Les
immeubles dont les communautés jouissaient par mains et
les pensions viagères n'étaient pas taxés ; seules les rentes
convenancières, foncières ou perpétuelles entraient en ligne
de compte pour le calcul des décimes. Les immeubles des
Capucins d'Audierne furent évalués, en 1792, 23.080 l. (1).
Au rôle des décimes, le collège de Quimper était rangé au
nombre des communautés et taxé sur un revenu de 2.800 l.
De ce collège dépendait le prieuré de Locamand dont le revenu
était estimé, d'autre part, environ 4.000 l.

Femmes :

Les 14 communautés de femmes pouvaient avoir un effectif
de 270 à 280 religieuses. C'étaient : l'abbaye de Kerlot (Cister-
ciennes ou religieuses bénédictines), 5.100 l. ; le prieuré de
Locmaria .Bénédictines). 4.600 l. ; les Dames du Calvaire
(Quimper), 850 l. ; les Dames de la Retraite (Quimper), 500 l. ;
les Dames hospitalières de Sainte-Catherine (Quimper), 2.100 l. ;
les Dames hospitalières de Carhaix, 300 l. ; la petite communauté de Saint-Thomas, 150 l. ; les Ursulines de Quimper,
1.370 l. ; les Ursulines de Pont-Croix, 500 l. (2) ; les Ursulines de Quimperlé, 1.100 l. ; les Ursulines de Carhaix,
1.240 l. ; les Ursulines du Faouët. 500 l. Les Cordelières de
Quimper (1.530 l.), occupaient la maison de Saint-Joseph,
(près l'évêché actuel). Quelques années avant la Révolution,
ce couvent est dit « sans religieuses » ; mais les biens subsis-

---

(1) Arch. du Finistère, Lv.

(2) En 1720, les rentes foncières ou perpétuelles des Ursulines de
Pont-Croix s'élevaient à près de 1.900 l. Cf. D. Bernard, Etat du
monastère des Ursulines de Pont-Croix en 1720. Bull. Soc. archéol. du
Finistère 1925, p. 41.

taient. Enfin, il y avait à Quimper, depuis le milieu du xviiie siècle, une petite communauté des Sœurs du Saint-Esprit ou Sœurs blanches qui gouvernaient la Maison de charité de Quimper. Cet établissement paraît avoir été exempt d'impôt ; il jouissait cependant de 732 l. de rentes (1).

LE CLERGÉ PAROISSIAL

Le nombre des ecclésiastiques régulièrement attachés au service paroissial, dans l'évêché de Quimper, était de 450 à 500, presque tous d'origine roturière. On sait qu'au xviiie siècle, beaucoup plus que dans les siècles antérieurs, la Noblesse revendiqua des privilèges. Aussi les évêchés, les abbayes, les canonicats et les cures lucratives furent ils presque exclusivement réservés à des cadets nobles. Par contre, on trouvait peu de nobles dans le bas clergé. A la fin de l'ancien régime, dit M. l'abbé Péron, « le clergé de Léon comptait à peine 30 individus qui ne fussent pas roturiers » (2). En Cornouaille, la proportion était encore plus faible. Le clergé se recrutait dans la petite ou dans la moyenne bourgeoisie et surtout dans la partie la plus aisée de la classe paysanne (3). Il semble bien, mais on ne saurait être très affirmatif sur ce point, que le plus souvent les recteurs des bonnes paroisses fussent d'origine bourgeoise. Du moins ceux qui exercèrent une influence prépondérante au moment de la convocation des États généraux, les électeurs du deuxième degré et les députés, appartenaient en majorité à cette catégorie. Les jeunes gens qui se destinaient au sacerdoce faisaient leurs études au

---

(1) Arch. du Finistère, Lv

(2) Abbé G. Pondaven, *Le recrutement ecclésiastique dans le Léon après la Révolution*. Bull. Soc. archéol., 1918, p. 48.

(3) Cf. Bulletin diocésain d'histoire et d'archéologie (Quimper 1900 à 1918). Notices sur les paroisses : passim.

collège de Quimper ou au petit séminaire de Plouguernével, puis au séminaire de Quimper (1).

En Cornouaille, dans la seconde moitié du xviiie siècle, le clergé se recrutait difficilement. Mgr de Saint-Luc eut à ce sujet de vives inquiétudes. Il écrivait, le 18 août 1783 : « De retour à Quimper, on n'a plus un moment à soi. On y est en proie à tout plein de choses qui ne sont pas plaisantes, mais au contraire crucifiantes, presque désespérantes ; mais Dieu est le maître. La mort ravage toujours mon pauvre clergé qui ne se renouvelle pas. Je suis dans le plus cruel embarras pour procurer des secours spirituels et je n'en ai aucun moyen. Priez pour nous ; priez le Maître de la maison d'envoyer des ouvriers dans la vigne » (2).

A la mort de Mgr de Saint-Luc, le séminaire de Quimper ne comprenait que 58 élèves : 16 diacres, 14 sous-diacres, 12 acolytes et 16 tonsurés (3). Ce séminaire était médiocrement doté. Mgr Farcy de Cuillé, en 1743, demanda au roi de distraire de l'abbaye de Sainte-Croix les deux prieurés de Landugen et de Pont-Briand pour les annexer au séminaire. L'annexion n'eut pas lieu ; elle aurait eu pour effet d'accroître les revenus du séminaire d'au moins 3.000 l. (4).

En 1789, la ville de Quimper émit le vœu « que les revenus des abbayes en commende soient, en totalité ou au moins en partie, appliqués, dans chaque diocèse, à établir des bourses dans les collèges et les séminaires pour aider les bons sujets sans fortune qui se destinent à l'état ecclésiastique » (5).

---

(1) Le séminaire de Quimper comprenait un supérieur, M. Liscoat, un vice-supérieur, M. Cossoul et 6 directeurs ou professeurs. Celui de Plouguernevel avait pour supérieur M. Lecoq et comptait 5 directeurs.

(2) Lettre de Mgr de Saint-Luc, 18 août 1783. — Arch. nat. W. 423.

(3) Cf. Abbé Peyron, *Documents pour servir à l'histoire du clergé*, t. I, p. 360.

(4) Le Men, *Histoire de l'abbaye de Sainte-Croix*, p. 555.

(5) Arch. du Finistère, série B. Cahiers de doléances, Quimper.

La condition matérielle du clergé paroissial. — Le clergé paroissial n'avait que peu de part aux richesses immenses de l'Église. Si les bénéfices majeurs, évêchés, canonicats, abbayes et prieurés étaient d'ordinaire largement dotés, les recteurs et vicaires n'avaient pas toujours la jouissance des dîmes instituées en principe pour l'entretien du culte. Souvent, ces dîmes avaient été détournées de leur destination primitive et constituées en bénéfices sans charge d'âmes, en faveur de certains dignitaires ecclésiastiques.

Les recteurs à portion congrue étaient beaucoup plus nombreux en Cornouaille qu'en Léon. L'évêché et le chapitre de Quimper, médiocrement pourvus de biens propres, ainsi que sept riches abbayes avaient été dotés de grosses dîmes, au détriment du clergé paroissial. Cette différence de traitement explique, peut-être, dans une certaine mesure, la différence d'attitude des deux clergés, en 1789. Le Bas-clergé du Léon avait moins à se plaindre du sort qui lui avait été fait par l'ancien régime.

Il est difficile de définir avec précision les conditions de la vie matérielle des recteurs bas-bretons. Les documents ne sont pas nombreux à cet égard. Les revenus du recteur, très variables d'une paroisse à l'autre, comprennent la dîme ou, à défaut, la portion congrue, le cazuel ou honoraires perçus pour les baptêmes, mariages, enterrements ou cérémonies particulières. Ce casuel est distinct de celui de la fabrique. Le recteur perçoit encore une partie, généralement le tiers, des oblations ou offrandes faites à l'église. La paroisse lui fournit un logement convenable. Elle lui donne, le plus souvent, la jouissance d'un jardin et de quelques parcelles de terre. C'est ainsi que le recteur de Ploaré possède un petit taillis, un verger et une prairie, rapportant, année commune, 2 cordes de billettes, 2 barriques de cidre et 2 milliers de foin. Le recteur de Pouldergat profite « d'un pourpris d'environ 7 journaux de terre, entre champ et prairie » (1).

____

(1) Arch. du Finistère, L. 243.

Le presbytère et ses dépendances. — A Tréguennec, le presbytère et ses dépendances valent au recteur un supplément de revenu de 120 l.

Le presbytère est généralement une demeure confortable, présentant l'aspect d'une gentilhommière. La maison principale, toujours couverte d'ardoise, a sa cour, ses annexes : écurie, étable, grange, porcherie, poulailler et jardin. Telle est la disposition à Clohars-Carnoët, Penmarc'h, Peumerit, Plovan et bien d'autres paroisses. Assez souvent, le presbytère est à quelque distance du bourg, comme à Plonéour, à Penmarc'h ; parfois même, il en est trop éloigné, comme à Clohars-Carnoët et surtout à Cléden-Cap-Sizun.

Le manoir presbytéral de Clohars-Carnoët semble une demeure type du recteur, dans les bonnes paroisses de Cornouaille. En voici la description, en 1790, d'après le recteur lui-même, « Pierre-Julien-Marie Le Gorgeu, recteur et paisible possesseur de la paroisse de Clohars-Carnoët, des biens et revenus dudit bénéfice » (1).

Le presbytère est situé à un quart de lieue du bourg (à Locoïc, près la chapelle Saint-Jacques), ce qui rend la desserte très onéreuse pour le recteur. Il consiste en une cuisine, un salon, deux chambres au-dessus et un grenier ; au couchant de la maison, une petite cave, un cabinet au-dessus et un grenier ; au couchant de ladite cave, une écurie et un grenier au-dessus. Tous ces logements sont couverts en ardoise.

Au midi de la cour, bout du levant, se trouve un colombier où l'on a pratiqué un cabinet et une étable au-dessous. Près du colombier est un auvent avec un grenier au-dessus. Au couchant de l'auvent, il y a une soue à cochons et au couchant d'icelle, une petite maison qui sert de pressoir et de cave à cidre. Ces logements sont couverts en chaume. Il y a aussi une petite boulangerie et un cabinet au-dessus couverts en

---

(1) Arch. du Finistère, Lv.

ardoise. Au nord de la maison presbytérale se trouve un petit jardin, très maussadement muré, à la hauteur de 5 pieds et, au couchant d'icelui, un autre jardin plus considérable et non muré, puis un verger sous pâture. Au levant dudit verger, il y a un prateau nommé Prat Saint-Jacques, au milieu duquel s'élève une chapelle du même nom, autrefois chapelle domestique et aujourd'hui chapelle de paroisse. Au midi du prateau est l'aire à battre.

Le recteur jouit en outre de 2 courtils, soit au total environ 2 journaux de terre. « Par traité homologué au Parlement, dit-il, je suis obligé de payer 60 l. par an pour le presbytère et ses dépendances. De plus, je suis chargé des vitres, clefs et serrures et de garantir les logements en ardoise de la pluie seulement ».

Tous les presbytères n'offrent pas tant de commodités. Celui de Cléden-Cap-Sizun est situé à Lamboban, à plus de 2 kilomètres du bourg. Vieux et délabré, il n'est desservi que par de mauvais chemins. Depuis le xviie siècle, les prêtres et les paroissiens réclamaient le transfert du presbytère au bourg. Le seigneur de Kerazan s'y était toujours opposé. En 1789, dans leur cahier de doléances, les habitants de Cléden chargent leurs 4 députés à la sénéchaussée de Quimper de demander pour eux à Sa Majesté « qu'attendu l'éloignement du presbytère de près d'une demi-lieue du bourg et la vétusté qui le rend inhabitable, il leur soit permis de le vendre, en l'état, ou de l'échanger et qu'ils aient la faculté d'acquérir conventionnellement un emplacement suffisant, dans le bourg, pour y bâtir un presbytère et ce, sans lettre patente, amortissement ni autres frais » (1). Cette requête demeura sans effet ; le transfert n'eut lieu qu'au début du xixe siècle.

Le presbytère de Penmarc'h, situé à 600 mètres de l'église, au manoir du Pénity, est une demeure fortifiée. « Au-dessus

---

(1) Arch. du Finistère. série B. Cahier de doléances de Cléden.

d'un portail à arcade en plein cintre s'étend un rempart à mâchicoulis dont la plate-forme a pu recevoir des canons de petit calibre » (1).

A Plogastel-Saint-Germain, le presbytère rebâti vers 1770, a coûté plus de 3.378 l. A cette occasion, les paroissiens ont fini par obtenir, à grands frais, du Parlement, « une levée extraordinaire de deniers » sur tous les propriétaires de la paroisse. Les seigneurs protestent contre cette dépense somptuaire ; le marquis de Plœuc notamment estime que le presbytère devait être restauré mais non rebâti à neuf (2).

Le prix de la location est généralement modique (3). Souvent même le presbytère est mis gracieusement à la disposition du recteur, à charge seulement d'effectuer les petites réparations. Mais des contestations pouvant survenir au sujet de ces réparations, les recteurs eux-mêmes préfèrent conclure un traité avec le général de la paroisse et la jurisprudence du Parlement tend à rendre cette pratique obligatoire.

Les revenus des recteurs. — Quand le recteur est seul décimateur, il possède une large aisance. Certaines paroisses constituent d'excellents bénéfices-cures. Bothoa passait pour valoir 10 à 12.000 livres de rentes (4). Crozon rapportait 10 à 11.000 livres, 10.000 l. au moins, déclarent les paroissiens, en 1789.

Par contre, dans quelques paroisses, le recteur, privé des gros fruits, est dans une situation assez misérable. Le sort du

---

(1) Abbé Quiniou, *Manoirs et rues de Penmarc'h*, Bull. Soc. archéol. du Finistère, 1925, p. 4.

(2) Arch. municip. de Plogastel-Saint-Germain, Reg. des délibérations 1769-1776.

(3) A Plogastel-Saint-Germain, le loyer du presbytère est de 24 l., à Lababan 36 l., à Tréogat 45 l., à Ploubinec 50 l., à Clohars-Carnoët 60 l.

(4) Ogée, *Dictionnaire*, art. Bothoa et Crozon. — Arch. du Finistère, Série B. Cahier de Crozon.

pauvre recteur de Locamand semble particulièrement malheureux. La paroisse, qui est petite, paie 3 lourdes dîmes, l'une à la 10ᵉ gerbe, l'autre à la 20ᵉ et la dernière à la 30ᵉ gerbe, (au total 18 % de la récolte). Mais les deux premières sortent de la paroisse et le recteur ne conserve pour toute portion congrue que la 30ᵉ gerbe. De plus, il a payé pour son presbytère les droits onéreux de rachat, centième denier, franc-fief. La première année de son rectorat, il a versé les annates aux chanoines de la cathédrale de Quimper. Il ne lui reste à peu près rien. En 1789, il exhale tristement sa plainte. « Il est de toute injustice qu'un recteur, au diocèse de Quimper, soit obligé de paître les brebis et de conduire le troupeau sans pouvoir se couvrir de leur laine et se nourrir du lait du troupeau » (1).

Entre ces degrés extrêmes de l'échelle des revenus, on trouve en Cornouaille à peu près tous les degrés intermédiaires.

Suivant l'importance des revenus de leurs recteurs, les 171 paroisses (2) du diocèse pouvaient être classées en 9 catégories, de la manière suivante (3).

1ʳᵉ catégorie, de 4.500 à 5.000 l., 2 paroisses : Bothoa et Crozon.

2ᵉ catégorie, de 3.000 à 4.000 l. : 4 paroisses : Elliant, Guiscriff, Fouesnant et Neuillac.

3ᵉ catégorie, de 2.500 à 3.000 l. : 13 paroisses.

4ᵉ   —   de 2.000 à 2.500 l. : 20   —

5ᵉ   —   de 1.600 à 2.000 l. : 28   —

---

(1) Arch. du Finistère, Série B. Cahier de Locamand.

(2) L'évêché comptait 173 paroisses ; mais, en ce qui concerne les revenus des recteurs, les 2 paroisses de Saint-Ségal et de Kergrist-Moëllou étaient unies, la première, à Pleyben, la seconde, à Rostrenen.

(3) Nous donnons, ci-dessous, à l'appendice, le revenu du recteur de chaque paroisse, d'après les rôles des décimes.

6° catégorie. de 1.300 à 1.600 l. : 37 paroisses.

7° — de 1.000 à 1.300 l. : 31 —

8° — de 700 à 1.000 l. : 23 —

9° — Au-dessous de 700 l. : 13 —

Si l'on compare les revenus des recteurs du diocèse de Rennes à ceux des recteurs de Cornouaille, en les classant, comme ci-dessus, en 9 catégories, on constate que sur 143 recteurs, la 1re catégorie (au-dessus de 4.000 l.), comprend 12 recteurs ; la 2e, 11 ; la 3e, 9 ; la 4e, 11 ; la 5e. 20 ; la 6e, 21 ; la 7e, 11, et, les 8e et 9e réunies, 48. Les catégories extrêmes sont plus nombreuses au diocèse de Rennes ; il y a moins d'inégalité, en Cornouaille. En Rennes, 22 % des recteurs ont un revenu dépassant 2.500 l. ; en Cornouaille, 11 % seulement. En revanche, en Rennes, 33 % des recteurs ont moins de 1.000 l., tandis qu'en Cornouaille, cette catégorie ne comprend que 21 %.

La moyenne des revenus paraît être d'environ 1.800 l., dans la partie de l'évêché de Rennes étudiée par M. Rébillon (1) ; cette moyenne est de 1.553 l., en Cornouaille, soit 15 % en faveur du clergé de la région de Rennes, Fougères et Vitré. Toutefois, on ne saurait en conclure que la condition des recteurs fût plus avantageuse, au pays de Rennes, qu'en Cornouaille. Ici, en effet, les prix des denrées étaient généralement moins élevés qu'en Haute-Bretagne.

Un certain nombre de paroisses demandent l'amélioration du sort de leur recteur. Plonéour-Lanvern et Primelin exigent qu'au moins « les recteurs qui n'ont point les gros fruits dans leur paroisse aient, à l'avenir, la même pension que les recteurs des autres paroisses à portion congrue du royaume », et que pour y parvenir plus sûrement, « l'on choisisse, pour

---

(1) Cf. A. Rébillon, *La situation économique du clergé, à la veille de la Révolution*, dans les districts de Rennes, Fougères et Vitré, Rennes, Oberthur, 1913. Introduction.

les Etats (de Bretagne), une partie des recteurs, comme des évêques, des chanoines et des abbés » (1).

Plougastel-Daoulas estime nécessaire « la réduction des évêchés et archevêchés à 20.000 l., pour avoir lieu à la mort des possesseurs actuels, et une nouvelle formation des cures, à l'effet que toutes aient une étendue et un revenu proportionnés » (2). La ville de Quimper désire qu'il soit prélevé « une partie des revenus des abbayes, pour être appliquée à la subsistance des prêtres infirmes, caducs, hors d'état de se la procurer d'aucune autre manière » (3).

Enfin, le vœu de Nizon est encore plus énergique et plus précis : « La piété de nos pères ayant abondamment pourvu, et outre mesure pourvu, à la subsistance de tous les ministres de la religion, qu'il soit ordonné au corps entier du clergé de faire de tous les biens ecclésiastiques une répartition qui sera telle que chaque simple prêtre de campagne recevra annuellement une pension de 400 l. qui sera portée à 600 l. pour les curés et à 2.400 l. pour les recteurs, le tout quitte de retenue » (4).

Les dîmes. — Les paroisses les plus avantageuses pour le clergé ne sont pas toujours les plus étendues. La valeur des dîmes, variable suivant l'abondance des récoltes et la cherté des grains, dépend surtout de la nature des céréales. Dans les petites paroisses de l'Arvor où l'on récolte du froment et de l'orge, les dîmes sont d'un meilleur rapport que dans les grandes paroisses de l'Argoat qui ne cultivent que le seigle et l'avoine.

---

(1) Arch. du Finistère, Série B. Cahiers de doléances de Plonéour et de Primelin.
(2) Ibid. Plougastel-Daoulas, art. 10.
(3) Ibid. Quimper, art. 38.
(4) Ibid. Nizon, art. 10.

Le taux de la dîme aussi est loin d'être partout uniforme. Il varie selon les paroisses et, souvent dans la même paroisse, selon les parcelles ou même selon les tenues. De nombreuses paroisses paient à la 30ᵉ gerbe ; souvent aussi le taux est plus élevé et monte jusqu'à la 12ᵉ, comme à Daoulas, la 11ᵉ, comme à Coray, la 10ᵉ, comme à Lababan et sur une partie de Kerfeunteun. Parfois même, il atteint la 6ᵉ gerbe, parce que deux ou trois dîmes sont assises simultanément sur les mêmes parcelles. Il en est ainsi à Locamand, dans une partie de Fouesnant et dans une parcelle de Plouhinec. En ces cas exceptionnels, le taux est exorbitant puisque, en 6 ans, la dîme enlève aux paysans l'équivalent d'une récolte entière (1).

La paroisse d'Esquibien se plaint de payer pour dîmes au recteur plus qu'elle ne paie au roi en fouages et capitation. D'après la déclaration du recteur, en 1790, ces dîmes comprenaient 314 boisseaux combles d'orge, 94 combles de seigle, 5 boisseaux et demi de froment et 2 b. 3/4 d'avoine. Le tout pouvait être évalué, au taux de l'appréci, à environ 2.020 livres. De plus, les paroissiens estimaient le casuel fourni au recteur par la paroisse et la trève à plus de 700 livres. Esquibien propose, en 1789, le convertissement de la dîme en une pension de 500 l. au recteur ce qui lui ferait encore un revenu de plus de 1200 l. (2).

Les dîmes constituant les revenus du bénéfice-cure de Plouhinec sont encore plus considérables. D'après la déclaration du recteur, De Perrien, elles comprenaient 53 boisseaux de froment, 153 b. de seigle, 148 b. d'orge et 77 b. d'avoine, sans compter 427 l. de dîmes abonnées en argent, soit au total une valeur approximative de 2.778 livres (3).

Plovan, petite paroisse de 1.100 habitants, paie 190 boisseaux

---

(1) Archives du Finistère. Cahiers des Paroisses citées et L. 243.
(2) Ibid. Cahier d'Esquibien, art. 23.
(3) Ibid. Déclaration du recteur. L. 243.

de froment, 205 b. d'orge, 102 b. d'avoine, 6 b. de blé noir et
5 b. de seigle. La valeur totale, en 1790, est de 3.241 l. 9ˢ 7ᵈ.
Cet impôt équivalait à près des trois quarts des impôts payés
au roi (capitation, vingtièmes, fouages, environ 4.434 l.) (1).

La dîme de Clohars-Carnoët, paroisse d'environ 3.000 hectares, peuplée de 2.460 habitants, était perçue à la 33ᵉ gerbe.
Elle comprenait 445 minots de froment, 120 minots de seigle,
115 d'avoine et 248 d'orge (mesure d'Hennebont, ricle pour
le froment, comble pour le seigle, l'avoine et l'orge). En outre,
une portion de dîmes abonnée en argent rapportait 270 l. ; les
prémices et novales dues au recteur rapportaient une quaran-
taine de minots de froment. Le tout montait annuellement à
une moyenne d'environ 6.600 l. La moitié de cette dîme était
due à l'abbaye de Saint-Maurice ; l'autre moitié revenait au
recteur, à charge pour celui-ci de fournir la portion congrue
à 2 vicaires et d'entretenir le chœur et le chancel (2).

La dîme de Moëlan était évaluée, au taux de l'appréci, à
6558 l. Elle comprenait 371 minots de froment, 22 d'avoine,
133 de seigle et 453 d'orge. L'abbaye de Saint-Maurice prélevait
la moitié de cette dîme ; l'autre moitié restait au recteur, avec
les charges ordinaires (3).

Les dîmes annuelles de Riec procuraient à l'abbaye de Saint-
Maurice 40 minots de froment et 191 minots de seigle (mesure de
Quimperlé), plus 692 l. de dîmes abonnées en argent, au total,
un arrentement de 3.193 l. (4).

Les 3 frairies de Mellac, (Saint-Pierre, Saint-Caradec et La
Madeleine), devaient pour dîmes à l'abbaye de Sainte-Croix de

---

(1) Arch. d'Ille-et-Vilaine. C. 3.981. C. 3.958.

(2) Arch. du Finistère, série Q (papiers non classés). Évaluation des
biens de l'abbaye de Saint-Maurice, 20 août 1790. — Arch. du Finistère,
Lv. clergé, déclaration du recteur.

(3) Ibid.

(4) Ibid.

Quimperlé, 234 minots de seigle, (mesure de Quimperlé), 1.300 fagots de paille de seigle et 3 charretées de paille de froment. Le tout était affermé 2427 l. (1).

La paroisse de Penmarc'h, beaucoup moins étendue que la commune actuelle, (l'ancienne paroisse n'avait que 800 à 900 hectares et 1.000 habitants) payait pour dîmes 140 boisseaux de froment, 150 boisseaux d'orge, 2 boisseaux de blé noir et 1 boisseau de seigle. Le tout était affermé, depuis 1784, 2.007 l.

La toute petite paroisse de Lababan, (environ 700 hectares et 600 habitants procurait à son recteur une dîme considérable, prélevée, en majeure partie, à la 10ᵉ gerbe. Elle comprenait 94 boisseaux de froment, 108 boisseaux d'orge, 54 d'avoine, 14 de seigle, 1 boisseau de fèves et 1 autre de blé noir. Le tout valait en 1790, 1.726 l., en y comprenant une dîme de 25 l., payable en argent (2).

A Plogoff, autre paroisse de l'Armor, le recteur, Le Gall, déclare que, comme ses prédécesseurs, il reçoit annuellement, 35 boisseaux de froment, 77 de seigle, 93 d'orge et 12 d'avoine, valant, au total, environ 1.266 l.

Le recteur de la petite paroisse de Tréguennec, J.-M. Calvé, déclare avoir reçu 107 boisseaux de froment, mesure racle, 109 boisseaux d'orge, 4 boisseaux ½ d'avoine et 1 boisseau de seigle, valant environ 1.600 l.

La toute petite paroisse de Tréogat fournit à son recteur, M. Lozach, 150 boisseaux de céréales valant 918 l., (52 boisseaux de froment, 68 d'orge, 25 d'avoine, 1 boisseau de seigle et 1 boisseau ½ de blé noir (3).

Primelin doit annuellement à son recteur 72 boisseaux de

---

(1) Ibid, Evaluation des biens de l'abbaye de Sainte-Croix.

(2) Ibid, Lv. Déclarations des recteurs.

(3) Pour les dîmes de Tréguennec, Tréogat, Primelin, Cléden, Peumerit-Cap, Poullan, Landudec, Pluguffan, Plonéis, Pouldergat, Meilars. Arch. du Finistère, Lv. déclarations des recteurs.

froment, mesure de grève. 144 boisseaux d'orge et 36 boisseaux d'avoine ; le tout pouvait être estimé 1.500 l.

Cléden-Cap-Sizun doit à son recteur, Gloaguen, une dîme de 1.936 l., comprenant 306 boisseaux de seigle et 68 boisseaux ½ d'avoine.

Les paroisses de l'Argoat sont généralement plus pauvres et leurs céréales de moindre valeur ; le produit des dîmes y est donc relativement plus faible. Cependant, Peumerit-Cap, encore au voisinage de l'Armor, fournit une dîme de 1.602 l., (49 boisseaux de froment, 126 de seigle, 44 d'orge et 65 d'avoine).

La paroisse de Poullan, quoique située sur la côte, comprenait une grande proportion de landes et d'incultes. Néanmoins, après avoir fourni une portion de dîmes au prieuré de Douarnenez, elle payait à son recteur, Le Bescond de Coatpont, 255 boisseaux de seigle, 38 boisseaux d'avoine, 4 d'orge, ½ boisseau de blé noir, soit une valeur de près de 1.600 l.

A Landudec, il y a une centaine de redevables payant chacun de 1 à 4 boisseaux de seigle, (en moyenne 2 grands boisseaux de 120 livres), soit au total 213 boisseaux de seigle, 18 boisseaux d'avoine et 1 boisseau de blé noir, valant environ 1.260 l.

Pluguffan, prébende attachée à la trésorerie du Chapitre, produisait annuellement 15 tonneaux de seigle, (environ 360 boisseaux, mesure du roi), valant 2.100 l. Défalcation faite de la portion congrue du recteur et de son vicaire (750 l.), ainsi que des charges ordinaires, la prébende pouvait rapporter net environ 1.200 l.

Les dîmes de Plonéis pouvaient valoir 1.180 l., 194 boisseaux de seigle, 10 boisseaux d'avoine, 11 boisseaux de blé noir .

Pouldergat, indépendamment de la portion de dîmes due au prieuré de Douarnenez, payait, suivant un abonnement immémorial, à son recteur, Le Guenno, 9 tonneaux de seigle, mesure du roi, estimés 1.230 l.

A Meilars, le nombre des redevables de la dîme était de 111, payant, en moyenne, un peu plus de 2 boisseaux de céréales, chacun. En 1790, le recteur Pennanec'h déclare qu'il lui était dû, par an, 230 boisseaux de seigle et 27 boisseaux d'avoine, valant près de 1.400 l.

A Brasparts, au flanc de l'Arrée, la dîme n'était pas perçue sur le blé noir, cependant presque aussi cultivé que le seigle. En 1728, la dîme rectorale ne comprenait que 130 boisseaux de seigle, 80 boisseaux d'avoine et 10 boisseaux de froment (1). En 1789, par suite de l'extension des cultures, la dîme perçue à la 30e gerbe pouvait valoir 1.500 l.

Les grosses dîmes de Pleyben rapportaient à l'évêque 2.600 l. et celles de Gourin 3 200 l. Les dîmes de Scaër, prébende du chanoine de Kermorvan, étaient affermées 2.550 l Le chanoine en percevait les 2 3, l'autre tiers revenait au recteur (2).

Les paroisses suivantes qui, à l'exception de Briec, constituaient des prébendes, produisaient : Plonéour-Lanvern 1.950 l. Plozévet 2.150 l., Spézet 1.400 l., Beuzec-Cap-Caval 2.120 l., Combrit 2.100 l., Briec, vicariat à la présentation du chapitre, 2.200 l., Névez 2.550 l., Trégunc 2.650 l. Ces chiffres relatifs aux prébendes, cités par M. le chanoine Peyron, se rapportent aux années antérieures à 1780 (3). D'après le rôle des décimes, l'évaluation de ces prébendes, en 1789, est d'au moins 25 % plus élevée.

Certains décimateurs avaient des dîmes très dispersées. Le prieuré de Lanvern percevait des dîmes à Lanvern, Plonéour, Pluguffan, Loctudy. Le prieuré de Douarnenez recevait de 180 à 190 boisseaux de seigle provenant de Douarnenez, Pouldergat, Poullan et Beuzec-Cap-Sizun (4).

---

(1) C. Vallaux, *La nature et l'homme en Montagne d'Arrée*, Brasparts et Saint-Rivoal, bull. soc. archéol. du Finistère, 1908, p. 123.
(2) Arch. du Finistère, L. 269.
(3) Abbé Peyron, *Prébendes et revenus*, op. cit. p. 14.
(4) Arch. du Finistère, Lv. déclarat. de l'ancien procureur fiscal Daniélou.

Mode de perception des dîmes. — Le mode de perception des dîmes varie aussi d'une paroisse à l'autre et il n'est pas toujours uniforme dans la même paroisse. Parfois, le recteur « exploite par mains ». Le recteur fait faire les charrois, prend des journaliers et fait sa récolte. Ainsi procède M. Le Bihan, recteur de Peumerit. Dans ses frais de récolte, il compte 14 journées de charroi à 6 l. l'une. Les gages d'août d'un domestique sont de 24 livres ; les journaliers reçoivent 10 sous par jour, plus 10 sous pour leur nourriture. Après avoir distribué 14 pots de vins à ceux qui lui apportent leurs dîmes, le bon recteur, se conformant à la vieille tradition du « peurzorn », a coutume d'offrir, à la fin de la récolte, à ses moissonneurs « un honnête repas » dont le vin seul lui coûte 6 livres (prix de 8 pots) (1).

Certains recteurs, comme celui de Tréguennec, qui font battre à leur compte « rendent la paille et la balle aux colons à qui ils lèvent des dîmes ». Le recteur de Tréogat conserve la paille et la balle qui « compensent, dit-il, les frais de la récolte ».

« L'exploitation par mains » présente des inconvénients signalés par les paysans de Landrévarzec, en 1789 : « l'attente des dîmeurs laisse le blé dépérir et empêche de l'enlever par le beau temps ».

Souvent les dîmes sont abonnées verbalement ou par acte notarié, payables en nature ou parfois, mais assez rarement, en argent. En ce cas, la perception est bien simplifiée, les grains sont portés au presbytère. C'est, semble-t-il, le cas le plus fréquent. Dans certaines paroisses, comme à Landudec et Plouhinec, trois modes de perception sont employés simultanément. A Plouhinec, le recteur « lève par mains » les dîmes du bourg et celles de Poulgoazec ainsi que celles des tenues voisines du bourg ; il reçoit au presbytère les grains des dîmes abonnées en nature puis une somme de 427 livres pour les dîmes abonnées en argent.

____

(1) Arch. du Finistère, Lv. déclarations des recteurs, district de Quimper.

Doléances concernant les dîmes. — La dîme ecclésiastique est, en Bretagne, l'impôt le plus lourd de l'ancien régime. Elle équivaut à 5o ou 6o % de l'ensemble des impôts directs, fouages, capitation et vingtièmes payés au roi. Pour une vingtaine de paroisses, prises au hasard dans les anciennes sénéchaussées de Quimper et de Concarneau, l'étude des rôles fait ressortir une moyenne de 6o % La proportion atteint 73 % à Plovan. Il arrive même, quand la dîme se perçoit à la 10ᵉ gerbe, comme à Lababan, que la dîme est supérieure à l'ensemble de toutes les charges royales, corvée des chemins comprise.

Les paysans de Briec et de Landrévarzec proposent de remplacer les dîmes par une taxe uniforme de 2o sous par journal ensemencé en céréales (1). C'eût été, sans doute, une taxe suffisante, représentant la 3oᵉ ou 33ᵉ gerbe, sur les terres d'écobue ou les sols pauvres ; mais la redevance eût été vraiment légère pour les riches terres à froment. Plobannalec entend « que les propriétaires soient libres de payer leurs dîmes en argent, chacun suivant sa faculté, à proportion du terrain qu'il manœuvre ».

Toutefois, les doléances paysannes relatives aux dîmes sont généralement modérées. Le principe de ces redevances n'est pas contesté. Les vœux émis ne visent que la destruction des abus trop criants. Les habitants de Pont-l'Abbé déclarent que « les dîmes ecclésiastiques, fort souvent très excessives déconcertent et découragent le cultivateur (2) ». Ceux de Pont-Croix ajoutent que « beaucoup de terres d'un sol excellent demeurent incultes à cause de la dîme exorbitante qui se lève annuellement sur les dites terres, à la 10ᵉ gerbe » (3).

---

(1) Archives du Finistère, Cahiers de doléances, Briec, art. 11, Landrévarzec, art. 15.

(2) Ibid. Cahier des bourgeois de Pont-l'Abbé, art. 7.

(3) Arch. du Finistère, cahier de Pont-Croix, art 37. Le cahier ajoute « Cette vexation, des plus oppressives pour les colons, ruine plusieurs

La dîme perçue à la 12ᵉ, 11ᵉ ou 10ᵉ gerbe est vraiment accablante. Coray qui paie, à la 11ᵉ gerbe, à l'évêque et Daoulas, à la 12ᵉ gerbe, à l'abbaye, demandent que leurs dîmes soient réduites des 2/3. Kerfeunteun trouve « vexatoire la dîme à la 10ᵉ gerbe » Guzon. Lababan et d'autres paroisses désirent ne plus donner que la 30ᵉ gerbe, « suivant l'usage des paroisses voisines ». Poullan demande, d'une manière un peu vague, « que la dîme rectorale soit réduite par un règlement général ».

En Cornouaille, la dîme ne se prélevait d'ordinaire que sur les céréales. Cependant, aux environs de Pont l'Abbé, où la culture maraîchère tendait à se substituer à celle des céréales, on percevait parfois des « dîmes vertes », sur les légumes, chanvre et lin. Aussi les bourgeois de Pont-l'Abbé demandent-ils « que la dîme n'ait pas lieu, au moins, sur les blés noirs, pois, fèves, chanvre et lin et que les recteurs ne puissent rien prétendre des quêtes des paroisses ».

On voudrait aussi que les dîmes n'aillent plus à des bénéficiers étrangers à la paroisse mais qu'elles soient partout restituées aux recteurs. Les paysans de Plozévet « se voient, avec douleur, obligés de payer les deux tiers de leurs dîmes à un gros décimateur, chanoine de Quimper, qui ne rend aucun service à la paroisse, qui n'y a jamais mis les pieds » (1). On voudrait aussi qu'une part des dîmes fût obligatoirement réservée aux pauvres, conformément à un antique usage tombé en désuétude. C'est ainsi qu'à Pont-Croix on demande « qu'en faveur des pauvres qui fourmillent dans les campagnes on mette en exécution les anciennes lois qui attribuent à l'entretien des pauvres le tiers des dîmes dont l'avidité des bénéficiers a envahi la totalité ».

---

laboureurs et arrête le cours des défrichements. Dans le canton de Pont-Croix surtout, il se voit des exemples multipliés de cette vexation ».

(1) Ibid. Cahier de Plozévet, art. 4.

La situation des vicaires. — Quant aux vicaires, au nombre de 290 environ, leur sort était généralement à plaindre. Une portion congrue de 250 livres, un casuel aléatoire et le produit de quelques petites quêtes faites en dépit des défenses du Parlement constituaient de maigres revenus (1). Leur pauvreté contrastait violemment avec l'opulence du Haut-clergé.

En 1766, le maire de Concarneau, constatait la condition humiliante des prêtres de cette ville. « La situation de trois prêtres de Concarneau est très disgracieuse parce qu'ils ne peuvent vivre de l'autel. Le revenu de chacun d'eux ne dépasse pas 205 l. » (2). En quelques paroisses, on se plaint de la disette de prêtres. A Crozon, cette disette provient de la cupidité du recteur-bénéficier qui ne salarie qu'un seul vicaire. Aussi les matinaliers sont-ils réduits à quêter pour vivre. « Le bénéfice est cependant considérable, il produit annuellement 10.000 livres. Le bénéficier ne paie qu'un vicaire seul qui ne peut pas voir tous les malades. Les prêtres sont, jour et nuit, sur pied et n'ont pas de quoi vivre » (3).

Les habitants de Nizon, « outre la dîme qu'ils paient à leur recteur, donnent encore annuellement aux prêtres desservants une quête en grains, prohibée par les règlements du Parlement de Bretagne, mais devenue nécessaire pour la subsistance de ces vertueux ministres que le premier ordre du clergé semble avoir entièrement oubliés dans la très injuste et très inégale répartition qu'il s'est permis de faire du riche patrimoine de l'église de France » (4).

---

(1) La portion congrue des vicaires était fixée à 250 l., depuis 1778, et celle des recteurs à 500 l. Un édit de 1786 avait porté la portion congrue des recteurs à 700 l. et celle des vicaires à 350 l. ; mais cet édit n'était par encore appliqué en Bretagne, le Parlement ayant refusé de l'enregistrer.

(2) A. Dupuy, *Etudes sur l'administration municipale en Bretagne*, p. 119.

(3) Arch. du Finistère. Cahier de Crozon, art. 4.

(4) Arch. du Finistère. Cahier de Nizon, art. 6.

La situation des simples prêtres, qui n'avaient même pas la portion congrue, était souvent lamentable. En 1789, la sénéchaussée de Concarneau demande « qu'il soit assigné à chaque simple prêtre une pension fixe et annuelle de 300 l., à prendre sur les gros bénéficiers ». La paroisse de Nizon et la sénéchaussée de Quimperlé souhaitent même que cette pension puisse être portée à 400 l. (1).

Importance relative des revenus ecclésiastiques. — En somme, à la fin de l'ancien régime, dans l'évêché de Cornouaille, les revenus du clergé atteignaient 511.715 l. et ceux des fabriques 286.914 l., au total 798.629 l (2). Cela constituait, dans l'ensemble, un impôt très lourd, à peu près équivalent à la totalité des impôts directs (fouages, vingtièmes, capitation et impositions annexes), perçus au nom du roi, dans l'étendue du diocèse. A la veille de la Révolution, les impôts directs prélevaient, en moyenne, en Basse-Bretagne, annuellement 3 l. par habitant (3). Etant donnée la population de la Cornouaille, environ 295.000 âmes), les revenus du clergé et des fabriques représentaient un impôt de 2 l. 15 sous par tête.

La Révolution et les revenus du clergé paroissial. — La Révolution apportait-elle une amélioration au sort du clergé paroissial, en Bretagne ? La question présente un grand intérêt historique car elle permet, peut-être, d'expliquer l'attitude d'une partie de ce clergé, en face de la constitution

---

(1) Ibid, Cahier général de la sénéchaussée de Concarneau, art. **22**, Nizon, art. **10**.

(2) Il convient de remarquer que les immeubles dont les abbayes et communautés jouissaient par mains étaient considérés comme ne produisant point de revenus.

(3) Etat n° **1** annexé au Rapport fait au conseil du département du Finistère par les administrateurs composant le directoire, in-4° Derrien, Quimper, **1792**.

civile. Le décret du 12 juillet 1790 accordait-il aux recteurs
et aux vicaires, de notre région, l'équivalent de ce qui leur
était enlevé par d'autres décrets de la Constituante ?

M. Rébillon croit pouvoir répondre par l'affirmative (1).
Incontestablement, la plupart des vicaires n'eurent pas à se
plaindre : le traitement de 700 ou 800 l., augmenté d'un petit
casuel, leur permettait de vivre décemment. Il n'en était pas
de même des recteurs : la plupart d'entre eux perdaient au
changement de régime. Les traitements de 1.200 l., au-dessous
de 1.000 habitants, de 1.500 l., jusqu'à 2.000 h., 1.800 l.,
jusqu'à 2.500 h., 2.000 l., jusqu'à 3.000 h. et 2.400 l.,
au-dessus de 3.000 h. ne compensaient pas la perte des
dîmes, des chapellenies et fondations, du privilège d'impôt
sur les boissons, etc...

Les chiffres, d'ailleurs, ne doivent pas faire illusion, et tous
les recteurs s'en rendaient bien compte. Ils savaient que les
rentes en argent avaient perdu, depuis vingt ans, 30 ou 40 %
de leur valeur réelle, que, notamment, la portion congrue de
500 l., suffisante, vers 1760, était dérisoire en 1789. Les
nouveaux traitements n'auraient-ils pas le sort des anciennes
congrues et de certaines fondations qui s'étaient éteintes
progressivement par la simple dévalorisation de la monnaie ?
Ils avaient de légitimes appréhensions pour l'avenir car le
prix des denrées ne cessait de s'accroître. L'émission d'un
papier monnaie, à cours forcé, n'était pas pour les rassurer.
Au début de 1791, quand le serment fut exigé, la dépréciation
de l'assignat était de 4 à 5 % : nouvelle cause de renchérissement et d'inquiétudes.

Si l'on songe que, d'autre part, le principe de l'élection
portait atteinte à l'indépendance des recteurs, — abstraction
faite, d'ailleurs, des scrupules religieux — on comprend que

---

(1) Cf. A. Rébillon, *op. cit.*, introduction.

la plupart des recteurs n'aient pas, volontiers, adhéré à la nouvelle organisation du clergé.

La Constituante eût été plus avisée, croyons-nous, de ménager la transition, en tenant compte, dans une plus large mesure, des situations acquises. C'était manquer de psychologie que d'exiger trop d'abnégation du clergé constitutionnel. Beaucoup de recteurs furent déçus ; ils ne tardèrent pas à faire cause commune avec les anciens privilégiés. Sans doute, cette erreur ne détermina pas seule l'échec de la constitution civile, dans notre région, mais elle n'y fut pas étrangère.

Indépendance des recteurs. — Titulaires de leur bénéfice, les recteurs d'ancien régime étaient, en fait, à peu près inamovibles ; ils jouissaient, notamment, d'une large indépendance à l'égard des évêques. Pourvu qu'il fût inattaquable sur le dogme et les mœurs, le recteur pouvait, en toute circonstance, affirmer librement sa personnalité. Seul le Parlement, qui lui était souvent hostile, apportait des entraves à son action. Le Parlement exerçait sur les paroisses une tutelle gênante et parfois tracassière. A l'égard des recteurs, la jurisprudence du Parlement fut généralement peu favorable, souvent sévère (1).

Les rois de France s'étaient attachés à maintenir aux curés une indépendance relative. Aux évêques qui lui demandaient l'amovibilité des desservants, Louis XIV répondait : « Je vous accorderai de rendre vos desservants amovibles, quand vous accepterez vous-mêmes de l'être ».

Sous l'ancien régime, il n'était pas rare de voir des recteurs engager de longs procès contre leur évêque. En 1778, le recteur d'Elliant, personne d'importance, possesseur d'un des bénéfices les plus enviables de la Cornouaille, et en outre,

(1) A. Dupuy, *L'administration municipale en Bretagne au XVIIIe siècle*, p. 109.

prieur du Moustoir, puis prieur de Saint-Herbot et promoteur du diocèse, est complètement brouillé avec son évêque et lui intente un procès. Mgr de Saint-Luc, conciliant comme à l'ordinaire, offre de soumettre le différend à des arbitres, au lieu d'en appeler aux tribunaux. « La voie de l'arbitrage, écrit l'évêque, m'a toujours paru la plus convenable entre honnêtes gens et la plus décente pour des ecclésiastiques ». Le recteur, qui n'est peut-être pas très sûr de sa cause, finit par accepter l'arbitrage. Mais il écrit à l'évêque pour affirmer hautement les droits du recteur, droits qui, en l'espèce, ne semblent d'ailleurs pas avoir été méconnus. Le ton de la lettre frise l'impertinence ; c'est l'effet de la colère. Toutefois, abstraction faite de ce qu'on en peut mettre au compte de l'emportement, cette lettre révèle un esprit d'indépendance et un franc-parler qui ne seraient plus de mise à l'égard d'un évêque du xxᵉ siècle.

« Vous m'avez ôté tous les pouvoirs que vous m'aviez accordés, en arrivant dans votre diocèse, sans que je vous les eusse demandés, pour les accorder avec affectation à mon curé qui ne les demandait pas. Aussi, la crainte seule de faire un éclat peu édifiant m'a empêché de renvoyer mon curé, pour exercer ailleurs des pouvoirs qu'il ne pouvait pas ignorer lui avoir été accordés uniquement pour me mortifier, « par charité et par persévérance d'attachement ! ».

« Vos habiles commensaux et mes bons amis n'eussent pas manqué de vous faire donner dans le piège. Vous auriez rétabli mon curé, quoiqu'il ait été décidé, contre deux évêques de la Province et, notamment contre l'un de vos prédécesseurs, par arrêt rendu à l'audience de la Tournelle, du 9 novembre 1705, qu'en Bretagne, le recteur a le droit de choisir ses vicaires et de les renvoyer, comme bon lui semble et que, par autre arrêt d'audience, du 2 septembre 1652, il ait été défendu aux évêques de Bretagne de bailler des lettres de regenda ou de cure, que dans le cas où un recteur est incapable ou interdit. Ces deux arrêts sont rapportés dans le recueil d'arrêts de Devolant, (Lettre L, chap. 6).

« Pouvez-vous dire encore, Monseigneur, que c'est « par persévérance d'attachement » pour moi qu'en l'assemblée du Bureau des décimes, en 1776, vous aviez imposé ma cure, au moins, un grand quart au-delà de sa juste valeur ?.

« Aussi ne croyez pas, Monseigneur, que la proposition que je vous ai faite d'un arbitrage soit un effet de ma reconnaissance : je ne vous en dois aucune, que d'avoir voulu me mortifier tant que vous avez pu. Je l'ai fait uniquement par religion et non en vue de vous obliger » (1).

Valeur morale du clergé. — M. Ant. Dupuy qui a fait des recherches minutieuses sur les maisons de force et leurs détenus, au xviiie siècle, en Bretagne, reconnaît « qu'il est un fait qui honore le clergé breton au xviiie siècle : c'est de toutes les classes de la société celle qui fournit le moins de détenus ».

En ce qui concerne la Cornouaille, dans les 3o dernières années de l'ancien régime, cet historien ne cite qu'une demi-douzaine d'ecclésiastiques détenus par lettres de cachet, 2 moines et 3 prêtres séculiers (2).

Le capucin Joseph Louvard, du couvent de Quimperlé, est un mauvais sujet. A trois reprises, vers 1776, il s'évade de son couvent et, au cours de ses longues escapades se livre à la contrebande et à l'ivrognerie. A l'abbaye de Langonnet, en 1770, se trouvent deux bénédictins très insubordonnés, dom Veller et dom Martin, qui « cabalent contre le roi et l'Etat ». Au réfectoire, devant leur prieur et un brigadier de la maréchaussée scandalisés, ils déclarent hautement que le roi

---

(1) Arch. du Finistère, 1 G. 437. Lettre du 6 décembre 1778.

(2) Ant. Dupuy, *La Bretagne au XVIIIe siècle*, Bull. soc. académique de Brest, 1884, p. 197 et sqq.

est un Néron, un Caligula, que « les ministres sont, ainsi que tous les généraux, de f... voleurs » et qu'il en est de même dans tous les Etats. Dom Veller est particulièrement indiscipliné et brutal ; en vain on le transfère d'abbaye en abbaye : il ne dit pas de messe, se prétend indépendant des supérieurs et s'absente des semaines entières, sans permission.

Les motifs les plus ordinaires des punitions infligées aux prêtres séculiers, dit M. Dupuy, sont la violence, les mauvaises mœurs, l'ivrognerie ».

L'abbé Daulny est, en 1785, recteur de Landrévarzec. « Après avoir passé plusieurs années dans toute espèce de désordre, il finit par s'engager dans le corps des canonniers-matelots. Il fut reconnu à Brest, arrêté et enfermé à Saint-Méen ».

En 1757, l'abbé de Kersaux est recteur de Ploaré. « Il paraît certain, écrit l'intendant, que le sieur de Kersaux entretient depuis 5 ans un commerce très scandaleux avec la demoiselle Lamothe, fille d'un marchand de sardines de Douarnenez. Ce commerce a été plus clandestin dans les premiers temps, mais il est devenu public et notoire, quoique entretenu sous le voile de la religion ». La demoiselle Lamothe est enfermée dans un couvent et l'abbé de Kersaux est relégué dans la solitude, chez les Récollets de l'île Verte.

Le plus coupable de ces ecclésiastiques est Christophe Le Roux, prêtre de Callac. « En 1785, il passe 6 mois dans un état d'ivresse permanente. A la passion du vin, il joint celle de la débauche. Il a pour maîtresse Louise Roisquin, jeune et jolie personne, femme d'un septuagénaire, Louis Le Cam ». Les deux compères dépouillent le vieillard de tous ses biens. Enfermé à l'hôpital de Lanmeur, Le Roux s'en évade pour rejoindre sa maîtresse (1).

____

(1) Ibid. p. 210.

Mais ces prêtres indignes ne constituent que de rares exceptions. L'opinion publique les juge avec une extrême sévérité, ce qui est le plus sûr hommage à la pureté ordinaire des mœurs du clergé bas-breton.

D'ailleurs, en Basse-Bretagne, les ecclésiastiques délinquants n'ont pas seulement à compter avec la sévérité de l'opinion publique, mais plus encore avec celle de leurs confrères toujours prêts à les dénoncer à leurs supérieurs.

Le 26 août 1774, Mgr de Saint-Luc est à Rennes, en l'hôtel de son frère, le Président au Parlement. Le promoteur du diocèse de Cornouaille lui écrit :

« Je ne comptais point informer Votre Grandeur que M. Canaff, recteur de Perguet, avait chez lui une servante fort jeune et d'une jolie figure, et qu'on en tenait d'assez mauvais propos. Mais je lui écrivis pour le sommer de se mettre incessamment en règle et le menaçai de vous en donner avis, au cas qu'il ne déférât pas à mes remontrances. Je m'attendais à ce qu'il se serait mis en règle, avant votre retour, et qu'en arrivant dans votre diocèse, vous n'apprendriez que de bonnes nouvelles de votre clergé et surtout de vos recteurs.

« Pour réussir encore plus efficacement, je prévins M. Boissière, avant la visite du canton de Perguet, de ce qui se passait et de la lettre que j'avais écrite. M. Guesdon ordonna le renvoi de cette servante ; elle n'est cependant pas encore renvoyée. Je viens de lui en écrire de rechef et j'ai prévenu M. Boissière que si le recteur s'obstinait à garder cette servante, malgré ma seconde monition, je lui ferais des monitions canoniques par un huissier et le ferais ensuite condamner à plusieurs mois de séminaire, sur sa résistance à ces monitions.

« Le plus court et le moins dispendieux serait que Mgr fît la visite de chez lui, dressât son procès-verbal, en conséquence, le condamnât à trois mois de séminaire. Quoique Mgr ait actuellement peu de temps à passer à Quimper, cette opération est praticable. Perguet n'est qu'à deux lieues de Quimper, par terre et par mer, au-dessous de Lanniron (1). D'ailleurs, Mgr n'est obligé d'annoncer sa visite, 15 jours avant de la faire, que lorsqu'il y a des comptes de fabrique à recevoir ; mais, dans le cas présent, vous pouvez visiter, sans dire gare » (2).

Nous ignorons si la servante fut enfin renvoyée. Assurément Mgr de Saint-Luc ne daigna pas aller surprendre M. Canaff, au Perguet, ni par voie de terre ni par voie de mer. Mais, ce qu'il convient de noter, c'est que la discipline est rigoureuse et que le promoteur et ses correspondants ne cessent de veiller à la pureté des mœurs du clergé. « Suivant vos ordres, écrit Le Guillou à l'évêque, je m'informe, le plus exactement et le plus discrètement que je puis, de la conduite de votre clergé. Ayant oui dire qu'un prêtre de Pont-l'Abbé y causait du scandale, j'ai écrit 3 lettres pour m'informer du fait, et on m'a assuré que le scandale a cessé et que ce prêtre ne demeure plus en cette ville » (3).

En 1774, l'abbé Baudry est signalé pour son inconduite. On l'invite « à passer six semaines au séminaire et à s'abstenir, pendant ce temps, de dire la messe. S'il ne s'exécute pas de bonne grâce, on fera informer juridiquement de la conduite qu'il a tenue à Plonéour, Coray et Tourc'h et il n'aura pas si bon marché de l'officialité » (4).

Le zèle du promoteur ne se relâche pas car, à la même époque, il écrit : « Je compte éclaircir la conduite de 3 ou 4 autres ecclésiastiques, dont un recteur, et, dès que j'aurai fait mes informations, j'aurai l'honneur de mander à Mgr le résultat ».

---

(1) Le manoir de Lanniron, sur l'Odet, à 3 km. au Sud de Quimper, était la maison de campagne des évêques de Cornouaille. De Quimper à Perguet, il y a 15 km., soit 3 bonnes lieues.

(2) Arch. du Finistère, 1 G, 437. Lettre du 26 août 1774.

(3) Arch. du Finistère, 1 G. 437. Lettre du 6 novembre 1773.

(4) Ibid. 12 mars 1774.

★
★ ★

Le prêtre bas-breton d'ancien régime, tel qu'il nous apparait à travers les documents contemporains, est un peu rude et fruste comme la race celtique elle-même. Issu de vieille souche paysanne, il est la vivante antithèse de cet abbé de cour, léger et sceptique, type si caractéristique du xviiie siècle, qui, au déclin de la monarchie, donne le ton à une partie du clergé français. Des paysans, ses ancêtres, il tient de solides qualités et peut-être aussi quelques défauts. S'il est un peu âpre au gain, c'est, sans doute, plus par atavisme que par calcul égoïste. Il n'est pas l'homme d'un parti : il se donne à tous. Le prêtre de combat, le réfractaire qui fut l'âme de la chouannerie et de la contre-Révolution, a fait le plus grand tort au prêtre d'ancien régime. La physionomie de l'un qui se détache, sombre et farouche, sur le tableau de nos luttes intestines, s'est trop souvent substituée à celle de l'autre qui demeure plus effacée mais plus sympathique. A la veille de la Révolution, le clergé paroissial, tout entier à sa mission sacerdotale, n'a point de détracteurs, pas même dans la bourgeoisie voltairienne. En Basse-Bretagne, le recteur est le pasteur au sens le meilleur et le plus large. Il est le conseiller intègre des humbles qu'il défend contre l'avidité d'innombrables agents seigneuriaux et praticiens véreux. Souvent, il exerce bénévolement le rôle ingrat de conciliateur ou de juge de paix entre ses paroissiens (1). Le clergé paroissial jouissait

---

(1) Ainsi, de 1720 à 1730, Messire Aleno de Kersalic, vicaire perpétuel de Plozévet, s'applique « à corriger les mutins et chicaneurs qui ont la démangeaison de plaider ». Il établit dans sa paroisse une exacte police, réprime énergiquement la divagation des troupeaux de moutons. En 1729, douze domaniers ne cessant de se quereller au sujet des terres frostes dont ils ont la jouissance indivise, M. de Kersalic, sans recourir aux tribunaux, effectue lui-même le partage de la vaste palue de Menez-Goret.

donc d'une haute autorité morale. La foi simple et robuste
sans intolérance, la pureté des mœurs sans pharisaïsme, le
zèle apostolique sans orgueil ni esprit de parti, tout cela
commandait le respect et la sympathie (1).

Vœux concernant le culte. — En ce qui concerne spécia-
lement la religion ou l'exercice du culte, le Tiers-Etat cornouaillais ne formule guère de doléances ni de vœux. Le
peuple paraît donc satisfait de l'ordre de choses établi. Poullan
et Primelin demandent, un peu vaguement, « le maintien de la
religion catholique, apostolique et romaine ». Pleuven et
Saint-Evarzec désirent que cette religion « soit toujours
constante en Basse-Bretagne ». Les vœux tendant à l'exclusion
des autres cultes sont rares. Cependant Landudec et Primelin
veulent que la religion catholique « soit la seule admise en
France ». Peumerit, sans doute, sous l'inspiration de son
vieux recteur, demande, sur un ton un peu chagrin, « que Sa
Majesté soit le protecteur, le soutien, l'appui de la religion
catholique, apostolique et romaine, surtout dans ce siècle
malheureux où les mœurs sont moins pures que jamais, la
suppliant, à cet effet, de ne permettre l'exercice d'aucune
religion étrangère dans l'Etat et Duché de Bretagne » (2).

Enfin, la ville de Quimper demande « que la religion
catholique, apostolique et romaine soit conservée dans toute
sa pureté et jouisse seule en France du culte public, sans
nuire à la tolérance civile des non-catholiques ». L'assemblée
générale de la sénéchaussée adopta ce vœu mais après l'avoir

---

(1) C'est l'impression d'ensemble que laisse la lecture d'innombrables
documents, rédigés en Cornouaille en 1789 et 1790. Les expressions
« bons pasteurs, vertueux ministres », appliquées aux membres du
clergé paroissial, se rencontrent fréquemment dans les cahiers des
paroisses.

(2) Ibid. Cahier de Peumerit, art. 1.

expurgé du membre de phrase « et jouisse seule en France du culte public ». Le vœu ainsi mutilé, devenu anodin, sans portée ni sens, passa dans le cahier général (1). La tolérance religieuse était donc voulue par la majorité.

(1) Ibid. Cahier de la ville de Quimper, chap. ii, de l'autorité royale, art. 6. Cahier de la sénéchaussée de Quimper, 20 avril 1789, chap. ii.

III

LA CONVOCATION

du

BAS-CLERGÉ DE CORNOUAILLE

Essai d'entente entre le Tiers et le Bas-Clergé. — Ainsi, par ses origines et sa condition sociale, le Bas-Clergé cornouaillais se trouvait avoir bien des intérêts communs avec le Tiers-Etat et aucun conflit ne devait, à priori, l'en séparer. D'ailleurs, le Tiers s'était toujours efforcé de se tenir en communion d'idées et de sentiments avec les prêtres des campagnes. Les députés du Tiers aux Etats de Bretagne avaient demandé, en décembre 1788 « que les recteurs des villes et campagnes soient admis aux Etats par députés élus par leurs pairs » (1) que « les portions congrues des recteurs et curés ou vicaires soient augmentées » (2).

De très nombreux cahiers de paroisses demandent l'amélioration du sort des recteurs et vicaires et « que tous les membres du clergé aient une part raisonnable de tous les biens ecclésiastiques ». A l'encontre de la règle inique récemment préconisée par la Cour, en vertu de laquelle « tous les biens ecclésiastiques, depuis le plus modeste prieuré jusqu'aux plus riches abbayes, seraient l'apanage de la noblesse » (3), le Tiers veut qu'à l'avenir les talents et les vertus soient les titres nécessaires et suffisants pour parvenir

---

(1) Délibérations du Tiers de Rennes, 22-27 décembre 1788, parag. 6.

(2) Lettre des députés du Tiers, 5 janvier 1789, art. 11.

(3) Paroles de Mme Campan.

à toutes les dignités ecclésiastiques. Les bourgeois de Pont-l'Abbé « s'affligent de constater que de 100 places de prélats vacantes, il n'advienne pas une seule à la foule immense du peuple et qu'elles se réunissent toutes dans le petit nombre des nobles ».

D'autre part, il est certain qu'en quelques paroisses rurales, le clergé participa discrètement à la rédaction des cahiers. Le cahier de Locamand est l'œuvre du recteur Vidal. Parfois, les recteurs assistent aux assemblées électorales comme s'il ne s'agissait que d'une délibération ordinaire du général de la paroisse. A Plonéour-Lanvern, le recteur Morvan, le vicaire Follic et le prêtre Mével approuvent les demandes du Tiers-Etat. Ils n'omettent pas de réclamer l'augmentation de la portion congrue, mais, en revanche, ils reconnaissent qu'à l'avenir, « les ecclésiastiques, particulièrement les recteurs, doivent payer la capitation, comme le reste du royaume ».

A Locmaria-Quimper, le recteur Lalau, à Penhars, le recteur Laurent Quilleroux, à Pouldreuzic, le recteur Dieuleveut et son vicaire Kerdreach, à Beuzec-Conq, le recteur Le Goff, à Baye, le recteur Bœzedan, au Trévoux, le recteur Laurens participent aux délibérations du Tiers et signent le cahier de leur paroisse. A Riec, le recteur David et ses deux vicaires, Le Beux et Gurudec, assistent à l'assemblée du Tiers qui se tient dans la nef de l'église, sous la présidence de Le Breton de Villeblanche, avocat et sénéchal de Pont-Aven. La paroisse de Riec demande l'amélioration du sort de son recteur. Avant de lever la séance, « l'assemblée vote, par acclamation, un Te Deum, en action de grâces des vues bienfaisantes de Sa Majesté et prie M. le Recteur de vouloir bien le chanter tout de suite en y joignant des prières pour l'heureux succès des Etats généraux, à laquelle prière, M. David recteur et les prêtres de Riec ont, sur-le-champ, accédé » (1).

_____

(1) Arch. du Finistère. Cahiers de doléances des paroisses citées.

Cette collaboration du Tiers et du clergé paroissial que nous constatons, dans la partie méridionale de la Cornouaille, eut lieu aussi, vraisemblablement, dans la sénéchaussée de Châteaulin et dans la Haute-Cornouaille. Il arriva même, fait assez curieux, qu'un recteur, messire Jean-Guillaume Le Bris de Landeleau, représenta sa paroisse à l'assemblée de la sénéchaussée de Châteauneuf-du-Faou (1).

Il semblait donc qu'une union étroite fût toute naturelle entre le Tiers et le clergé de second ordre. Le Tiers comptait bien sur l'appui de ce clergé qu'il sollicita ouvertement. Nous verrons que, le 20 avril, une « adresse des députés des campagnes » sera portée par une délégation officielle à l'assemblée diocésaine réunie en ce moment à Quimper. Cette adresse, souscrite par les députés paysans, mais depuis longtemps concertée par les bourgeois, résumait les revendications essentielles du Tiers, revendications susceptibles, pour la plupart, de recevoir l'approbation du bas-clergé.

Attitude de Mgr de Saint-Luc. — Mgr de Saint-Luc ne se montra pas hostile aux revendications du Tiers. Quelles qu'aient pu être ses convictions intimes, — et nul doute que, dans l'ensemble, elles concordaient avec celles de l'immense majorité de la Noblesse et du Haut-Clergé, — il ne prit pas, comme les évêques de Léon et de Tréguier, contre le Tiers, une attitude combative. Sans doute, comme son frère et son ami Du Rosel, l'évêque considérait-il que Necker « donnait prise à des soupçons de sa balance pour le Tiers dont il sentait mieux que personne les ridicules et insatiables réclamations pour des prérogatives insolites depuis que la monarchie est monarchie » (2). Mais, plus soucieux de

---

(1) Ibid. Procès-verbal de l'assemblée de la sénéchaussée de **Châteauneuf.**

(2) Arch. nationales. W. 423. Lettre de Du Rosel, 5 février 1789.

religion que de politique, l'évêque entendait faire abstraction de ses préjugés de classe et demeurer loyaliste à l'égard du roi. Or, à ce moment, le roi, en soutenant Necker, paraissait vouloir de profondes réformes.

D'autre part, l'évêque et son frère le Président de Saint-Luc, l'un des Ifs du Parlement, n'avaient pas eu à se louer de la Noblesse bretonne. Gilles de Saint-Luc avait subi à Rennes de telles vexations qu'il s'était résigné à une retraite prématurée. De son côté, et vraisemblablement pour les mêmes motifs, aux Etats de 1786, Mgr de Saint-Luc avait reçu quelques « désagréments ». La famille de Saint-Luc n'était donc guère disposée à s'associer aux manifestations de la Noblesse. Ni l'évêque ni le Président n'assistèrent à la dernière session des Etats de Bretagne et tous deux également s'abstinrent de paraître aux réunions de la Noblesse et du Haut-Clergé à Saint-Brieuc. Mgr de Saint-Luc, il est vrai, était assez gravement malade, en avril 1789 ; mais même bien portant, il est probable qu'il se fût abstenu. Ce qui permet de le croire, ce sont les conseils et les sollicitations qui lui furent adressés, en cette circonstance, par des amis et des membres de sa famille. Le 7 avril 1789. Du Rosel écrivait, de La Palue, au Président de Saint-Luc :

« J'ai été autant surpris que peiné d'apprendre que M. l'évêque de Cornouaille se refuse, malgré les conseils de ses parents et de ses amis, d'aller à Saint-Brieuc pour la convocation du Haut-Clergé et de la Noblesse. Si j'avais été à sa place, j'aurais méprisé les désagréments qu'on a voulu lui faire, il y a deux ans, et j'aurais été aux derniers Etats, quand ce n'eût été que pour montrer que lui, prêtre, homme de Dieu et évêque, n'est pas susceptible de rancune ni d'humeur. Je lui conserve la plus haute estime et vénération. Soyez auprès de lui caution que, s'il fait bande à part de son ordre et de celui de la Noblesse à Saint-Brieuc, aucun de ses neveux ne trouvera place au parterre. Vous pouvez même me citer devant lui. Si je ne lui étais pas attaché, je ne lui parlerais pas et à vous si franchement... La Noblesse, molestée, va à Saint-Brieuc ; et le Clergé, fait pour lui montrer l'exemple, se refuserait à le suivre ? J'espère que vous ramènerez votre frère » (1).

Un mois plus tard, le 7 mai, M. Du Rosel revenait sur le même sujet : « Ne parlons plus des raisons qui vous ont empêché et M. l'évêque d'aller à Saint-Brieuc. Malheureusement les siennes n'étaient que trop fondées. Quant aux vôtres, je ne les admets pas de même. Je vous suis trop dévoué pour ne pas vous répéter que votre place y était, quand ce n'eût été que pour vos enfants. J'y aurais plutôt été à pied que d'y manquer. Bien d'autres de l'ancien Parlement y ont été et je vous assure qu'on vous y aurait vu avec le même plaisir qu'on les y a vus » (2).

A l'égard du Tiers, l'attitude de l'évêque de Quimper parut toujours conciliante en 1789. Il se prêta de bonne grâce à tous les accommodements possibles en vue des élections tant des députés du Tiers que de ceux du clergé du second ordre. Nulle pression ne fut par lui exercée sur ce clergé. Il voulut demeurer au-dessus de la mêlée. Peut-être espérait-il que, par des concessions mutuelles, les trois ordres finiraient par s'entendre. Du moins, son attitude ne fut pas incriminée par les dirigeants du Tiers et cette attitude contrastait singulièrement avec celle de Mgr de La Marche, évêque de Léon. Tout concilier, si possible, tel devait être le vœu de l'évêque de Quimper ; et nous trouvons, sans doute, un reflet de cette pensée dans la lettre amicale que, le 27 juillet, au moment où se déclenchaient les mouvements populaires, lui adressait M. Du Rosel :

« Eh ! bien, Monseigneur, n'êtes-vous pas émerveillé de

---

(1) Arch. nat. W. 423.
(2) Ibid.

tout ce qui se passe aujourd'hui à la suite de la bonne intelligence régnante dans les trois ordres du royaume ?. En ma qualité de Normand bretonnisé, je n'en avais jamais douté, en cas qu'on n'eût pas pu parvenir à se voir, se parler et s'écouter. Vous conviendrez que c'est l'unique moyen de s'entendre. J'attribue, en partie, tous les malheurs qui viennent de désoler la France à ce qu'on a négligé de le faire, de part et d'autre » (1).

Modéré et conciliant, tel est bien, en 1789, l'évêque de Quimper, et il ne variera pas jusqu'à sa mort. Au cours des évènements ultérieurs, certains de ses familiers, entraînés par l'ardeur de la lutte, lui prêteront, de bonne foi, leurs propres sentiments et ainsi sa mémoire sera mise au service de la contre-révolution. La vérité est que Mgr de Saint-Luc ne fut pas un ennemi irréductible du nouveau régime. Certes, il sentait vivement le conflit entre le principe catholique et les principes révolutionnaires, mais il espérait une conciliation possible.

Il accepta la nouvelle organisation politique du royaume. Le 25 juin 1790, à l'occasion de l'élection des premiers administrateurs du département du Finistère, l'évêque ordonna qu'un Te Deum serait chanté à la cathédrale. Tous les électeurs du département, à ce moment réunis à Quimper, se rendirent à la cathédrale, entre deux files de gardes nationaux. « Le son des cloches, le bruit de l'artillerie, une mélodie patriotique répétaient les accents de l'allégresse dont tous les cœurs étaient pénétrés. Parvenus à la cathédrale, M. l'évêque assisté de son Chapitre, a chanté le Te Deum ». Ensuite, un feu de joie fut allumé sur la Place Saint-Corentin. « M. l'évêque, Jean Robin, président provisoire, Le Guillou de Kerincuff, président, Le Breton de Villeblanche officier municipal, et

---

(1) Arch. nat. W. 423.

Carné de Carnavalet, commissaire du roi, ont allumé le bûcher » (1).

Cependant, à ce moment même, l'Assemblée constituante s'occupait de l'élaboration de la constitution civile du clergé. Le décret du 12 juillet 1790 causa à Mgr de Saint-Luc une cruelle déception. Toutefois, il ne songea pas tout d'abord à y opposer un refus absolu. Il écrivait le 14 juillet : « Quimper est conservé, mais on m'assure qu'il faudra faire un serment. J'espère, avec la grâce du bon Dieu, que je n'en ferai pas, au moins d'absolu, et j'ai dans la tête un projet de serment qui sera une bonne et ferme protestation contre tous les décrets destructifs de la religion » (2).

Le 19 juillet, connaissant le texte du décret relatif à la constitution civile il ajoutait : « L'auguste Assemblée a décrété que les évêques et curés conservés seront tenus de faire le serment pour jouir du traitement qu'on leur promet. J'espère que je ne ferai pas le serment, à moins d'y mettre des protestations et des réservations qu'on a déclaré ne vouloir point admettre » (3).

La sanction royale ayant été accordée, le 28 juillet, l'évêque, vieux et malade, tenta encore de concilier son devoir sacerdotal avec son loyalisme impénitent. Il écrivit au pape pour lui demander l'extension de ses pouvoirs sur l'évêché de Saint-Pol et les parties des diocèses de Tréguier et de Vannes annexées au nouvel évêché de Quimper (4). Il mourut, le 30 septembre 1790, sans avoir reçu la réponse du pape et sans avoir formellement protesté contre la constitution civile.

---

(1) Arch. du Finistère. F, n°s 2 et 3 (fonds Hémon). Procès-verbal de l'assemblée électorale du Finistère, tenue à Quimper le 7 juin 1790 et jours suivants. Ce furent les mêmes électeurs qui s'assemblèrent, à la cathédrale, le 31 octobre 1790, pour l'élection du successeur de Mgr de Saint-Luc, le premier évêque constitutionnel, Expilly.

(2) Arch. nationales, W. 423. Lettre de Mgr de Saint-Luc, 14 juillet 1790.

(3) Ibid.

(4) L'évêque de Quimper avait, par courtoisie, communiqué cette

Illusions de la Noblesse et du Haut-Clergé. — La Noblesse et le Haut-Clergé se flattaient de gagner à leur cause les recteurs de Basse-Bretagne. Au milieu d'avril encore, alors qu'en maintes régions, le bas clergé avait déjà manifesté son indépendance ou son hostilité à l'égard des privilégiés, à Rennes et à Paris, on se faisait illusion sur les dispositions des recteurs bas-bretons.

Le 20 avril, le jour même où les électeurs du clergé s'assemblaient à Quimper, le comte de Quélen (1) écrivait, de Paris, au Président de Saint-Luc : « Nous venons d'éprouver que l'évangile est en mauvaises mains dans celles de la plupart des curés du royaume qui se sont bien mal comportés envers leurs évêques... On peut dire que, presque partout, ils ont commis des indignités.

« On répand, ici, que ceux de Quimper, de Léon et de Tréguier ont déclaré que n'étant immiscés que dans l'administration des sacrements, ils ne voulaient pas être députés aux Etats généraux, à moins qu'ils ne soient requis pour leur administrer la confirmation ou autre sacrement, suivant les besoins de chacun d'eux. J'ai encore oui dire que les curés de votre capitale (Rennes), avaient déclaré vouloir être toujours réunis au Haut-Clergé. En cela, je les approuve autant que ceux de Basse-Bretagne, si toutefois ils pensent comme on veut les faire penser à Paris » (2).

---

lettre à l'évêque de Léon. Le 22 novembre 1790, Mgr de La Marche ignorait encore la réponse du pape, car, à cette date, il écrivait à l'abbé Boissière : « Le cher défunt m'avait envoyé copie de la lettre par laquelle il demandait au pape une extension de pouvoirs. Je vous serais bien obligé de me faire savoir s'il a reçu une réponse ». Arch. nat. Ibid. 22 novembre 1790.

(1) Le comte J.-C.-L. de Quélen, brigadier des armées navales, fils d'un procureur-général syndic des Etats de Bretagne et père de Mgr de Quélen, archevêque de Paris, sous la Restauration.

(2) Arch. nationales, W. 423.

La convocation du clergé. — Tout d'abord, des difficultés particulières se présentèrent pour la convocation même
de l'assemblée diocésaine de Cornouaille. La lettre et règle-
glement du roi, du 16 mars, parvenus à Quimper, le 23,
avaient fixé cette assemblée au 2 avril à Quimper (1). L'évêché
était très étendu, le délai extrêmement court. Qui adresserait
les lettres de convocation ? Qui présiderait l'assemblée ?
Le Goazre, subdélégué de l'Intendant, conféra à ce sujet avec
Mgr de Saint Luc. Rendant compte de ses démarches à
l'Intendant, il écrit le 23 mars : « L'évêché de Cornouaille n'a
ni dignitaire, ni doyen électif, ni doyen rural. Il diffère en
cela des diocèses des autres provinces et même de ceux de la
Bretagne, tels que Rennes et Vannes. La ville épiscopale est
éloignée de plus de 20 lieues des extrémités N.-E. du diocèse.
Il existe une impossibilité physique de réunir les recteurs le
2 avril, surtout si un des recteurs de la ville épiscopale se
trouvait seul chargé de la convocation. Le 6 avril serait un
jour plus commode ; c'est le lundi de la semaine sainte et les
recteurs peuvent encore s'absenter. Les subdélégués, chacun
dans son district, feraient parvenir plus sûrement les lettres
de convocation ».

L'évêque de Quimper et Le Goazre étaient d'avis de désigner,
pour présider l'assemblée, le recteur de Plogonnec, l'abbé
Leissègues de Rozaven. Celui-ci, dit Le Goazre, « licencié en
théologie, est d'une famille très ancienne. Son neveu est
procureur du roi à Châteaulin. Agé de 54 ans, c'est un homme
de vertu, plein d'esprit et de connaissances et de beaucoup
supérieur à ses confrères » (2). M. de Leissègues consulté,
accepta. Néanmoins, l'Intendant estima plus convenable de
confier la convocation et la présidence » au recteur de la plus

---

(1) Lettre et règlement du roi pour la convocation de la province de
Bretagne, art. 12.

(2) Archives d'Ille-et-Vilaine, C. 1808.

ancienne paroisse » de la cité épiscopale, à M. Bourbria, recteur de Saint-Sauveur.

L'assemblée diocésaine. — La date du 2 avril, le jeudi avant les Rameaux, ayant été maintenue pour l'assemblée diocésaine, environ cent recteurs se rendirent à Quimper, ce jour-là, représentant un peu plus de la moitié des paroisses de Cornouaille. Bien des prêtres convoqués tardivement furent retenus dans leurs paroisses par les devoirs de leurs fonctions ou les difficultés du voyage. Toutefois, certains durent s'abstenir volontairement ; sollicités, tiraillés en sens divers, ils ne surent à quoi se résoudre.

Une ardente campagne, en effet, avait été menée par la Noblesse et le Haut-Clergé pour dissuader le Bas-Clergé de se faire représenter aux Etats généraux, en dehors des formes usitées, formes « antiques et essentielles » consacrées par la constitution bretonne.

Le 3 avril, le sénéchal Kervélégan écrit au Garde des Sceaux : « Le clergé du second ordre est assemblé depuis hier. Il a perdu du temps à interpréter le règlement des 24 janvier et 16 mars et cela provient de quelques intrigues du Haut-Clergé et de la Noblesse » (1).

Le même jour, Le Goazre écrit à l'Intendant : « Je ne saurais vous dire encore quel sera le résultat de l'assemblée de MM. nos Recteurs. Ils ne sont brin d'accord, parce que la Noblesse et le Haut-Clergé ont pris soin de répandre au milieu d'eux l'esprit de faction, en protégeant et en recommandant à des pasteurs vertueux, mais peu défiants, une tête chaude et qui depuis longtemps porte le trouble dans tous les ordres.

« M. l'abbé de Reymond s'est fait donner une procuration par l'abbesse de Kerlot et, de concert avec MM. de Kermorvan,

---

(1) Archives nationales. B. III 39.

chanoine, Quéré, l'un des vicaires de Quimper, et Coroller, recteur de Saint-Mathieu, il a d'abord essayé d'empêcher que l'assemblée se formât au lieu indiqué par le recteur de la plus ancienne paroisse.

« On s'était répandu dans les campagnes, on s'était emparé des recteurs, à leur débotté, et on leur avait indiqué le séminaire pour le lieu de l'assemblée, tandis que le recteur de Saint-Sauveur ou de la Cité l'avait indiquée au Collège qui est dans l'étendue de sa paroisse.

« Il est arrivé, de cette manière, que hier, 5o recteurs ou environ se rendirent au séminaire, tandis que 49 autres se réunirent au collège. M. de Reymond pérora les recteurs qui s'étaient rendus au séminaire, les menaça de la Noblesse et du Haut-Clergé et du Parlement surtout. « Vous aller voir le Parlement s'élever sur les débris du Tiers et, si vous ne vous joignez à lui, vous ne serez point épargnés, etc... ».

« Cependant M. Bourbria, recteur de Saint-Sauveur, fit part aux 49 qui l'entouraient de toutes ses instructions et, sur-le-champ, il leur offrit la démission de sa présidence, afin qu'il fût élu un président qui serait du choix de tout le monde. L'offre de cet homme généreux n'a point été acceptée et les 49 recteurs présents l'on prié de conserver la présidence.

« On apprit alors au Collège ce qui se passait au Séminaire et l'on y envoya des députés pour inviter les autres recteurs à se rendre à l'assemblée qui les attendait pour délibérer. Ces députés étaient porteurs des instructions données au président. Leur lecture détrompa tout le monde et, de suite, on fut d'accord de se rendre au Collège. Malgré les efforts de M. de Reymond, le recteur de Saint-Sauveur a été proclamé, une seconde fois, par tout le monde. Il est donc président nommé par le roi et élu par ses pairs.

« La Noblesse et le Haut-Clergé ont distribué dans les paroisses de campagne des charges qui tendent à réclamer l'exécution et la pleine observance du contrat de la Duchesse

Anne. Il est apparent que ces bonnes gens sont assez instruits pour déchirer ce vieux parchemin » (1).

L'assemblée adopta un cahier de charges et doléances comprenant 14 articles. Elle donna pouvoir aux électeurs qu'elle allait choisir « d'ajouter aux dites charges et doléances ce qui serait par eux jugé convenable, suivant les circonstances et événements qui pourraient avoir lieu » jusqu'au jour de l'élection des députés aux Etats généraux, « comme aussi de prescrire à ces députés la marche qu'ils auraient à tenir, soit pour la réunion du cahier des charges au cahier qui serait dressé par l'ordre de l'Eglise à Saint-Brieuc, soit à ceux qui seraient dressés par les assemblées ecclésiastiques des autres diocèses de la Province ».

Puis, conformément aux prescriptions de l'art. 13 de la lettre et règlement du roi du 16 mars et de l'état y annexé, l'assemblée, avant de se séparer, le 4 avril, désigna les 32 électeurs qui devaient se réunir le 20 du même mois.

Les électeurs diocésains (2).

1 . HERVÉ Guillaume, recteur de Guiscriff. Agé de 60 ans en 1789, élu premier député, refusa ce mandat. Réfractaire, passa à Jersey et devint plus tard curé du Faouët.

2 . LE CLERC Charles-César, recteur de Ploaré. En arrestation à Audierne en 1792, à Quimper, en 1793, et aux Capucins de Landerneau, en 1794. Déporté en rade de l'Ile d'Aix, il y mourut en 1794, à l'âge de 61 ans.

---

(1) Archives d'Ille-et-Vilaine, C. 1808.

(2) Arch. nationales, B. III 39, Procès-verbal de l'assemblée des électeurs du diocèse, du 20 au 23 avril 1789. Nous donnons quelques renseignements sur chacun de ces électeurs du 2e degré, renseignements puisés à des sources très diverses, Arch. du Finistère, Arch. municipales de Douarnenez et d'Audierne ; — Bull. diocésain d'histoire et d'archéologie 1924, Manuscrit Boissière, passim.

Au point de vue de leur situation matérielle, les électeurs du second

3. Guino Jacques-Louis, recteur d'Elliant. Né à Guingamp en 1734, recteur de Plouézoch, de 1775 à 1778, puis chanoine et official de Tréguier, devint recteur d'Elliant, par permutation avec Laënnec, oncle du célèbre médecin. Elu 3ᵉ député, siégea aux Etats généraux et, après la Constituante, demeura curé constitutionnel d'Elliant. Au Concordat, fut nommé à Recouvrance (Brest) où il mourut en 1808.

4. Loëdon (dit de Keromen) Nicolas-Joseph, recteur de Gourin. Né à Quimper vers 1738, fils d'un procureur au présidial. Elu député suppléant, siégea en remplacement de Hervé. Il prêta le serment, puis se rétracta en 1791. Un procès-verbal dressé en 1793, après une émeute à Roudouallec, porte que 4 prêtres, dont Loëdon, ex-constituant et ci-devant curé de Gourin, ont été reconnus déguisés en paysans. Loëdon mourut en Espagne en 1794.

5 De Perrien Louis-Corentin, recteur de Plouhinec. Ancien recteur de Bannalec, docteur en théologie ; émigra en Espagne. Au Concordat, devint chanoine de Quimper.

6. Dumoulin Alain, recteur d'Ergué-Gabéric. Né à Lanvéoc (Crozon) en 1748, frère du sénéchal de Crozon, en 1789, oncle de Mgr Graveran ancien évêque de Quimper. Emigra à Prague (Bohême) ; mort en 1811, vicaire général et curé de la cathédrale de Quimper.

7. Loëdon Jérôme, recteur de Beuzec-Cap-Caval. Ancien jésuite, recteur à Landudec, puis à Beuzec-Cap-Caval.

---

degré peuvent être rangés en 4 catégories. 10 recteurs jouissaient d'une large aisance, ayant, en moyenne, 2.734 l. de revenus ; 9 recteurs avaient une bonne aisance, en moyenne, 1.658 l. de revenus. La 3ᵉ catégorie comprend 8 recteurs ayant, en moyenne, 1.200 l. Enfin, 5 ecclésiastiques : le supérieur du grand séminaire, le secrétaire de l'évêque et 3 prieurs occupaient une situation spéciale assez enviable.

Prononça, le 12 novembre 1790, l'oraison funèbre de Mgr de Saint-Luc. Il prêta le serment, se rétracta, puis prêta encore le serment et devint curé constitutionnel de Plomeur. Il exerça les fonctions de commissaire du directoire exécutif au canton de Plomeur. En 1801, Loëdon était ministre du culte à Saint-Jean-Trolimon et figurait sur la liste des notabilités départementales du Finistère.

8. De Leissègues-Rozaven Jean-Marie, recteur de Plogonnec. Né à Locronan en 1732, fils d'un procureur et notaire de la juridiction de Névet. Ancien jésuite, ex-professeur de philosophie à Caen, il prêta le serment, « avec la restriction expresse de tout ce qui peut regarder le spirituel », puis se rétracta. A la fin de la Constituante, il reprit sa cure de Plogonnec. Mais, insermenté, les patriotes lui créerent de nombreuses difficultés : ils l'accusèrent de ne pas publier, au prône, les décrets de l'Assemblée législative et de s'approprier l'argent de l'église et des chapelles (1), Leissègues émigra au début de l'été de 1792. Il mourut près de Vienne, en Autriche, en 1801.

9. Le Pennec Pierre, recteur de Melgven. Son frère, François Le Pennec, était notaire royal et apostolique de la sénéchaussée de Concarneau et greffier du corps politique de Nizon. Réfugié en Espagne.

10. Johannic Mathurin, prieur des Carmes de Pont-l'Abbé.

11. Démézit Jean-Baptiste, recteur de Clohars-Fouesnant. Originaire de Douarnenez où il naquit vers 1755. En 1789, son père, ancien maire de Quimper était le doyen des avocats de cette ville. Démézit prêta le serment,

---

(1) Arch. du Finistère, Lv. clergé, district de Quimper. Lettre du 30 mars 1792.

puis se retira à Douarnenez, sous la Terreur. En 1795,
il acquit le presbytère de Poullan, vendu comme bien
national. En 1797, il jouissait d'une pension de 800 l. (1).

12. Le Siner Guillaume-Marie-Pierre, recteur de Plomeur.
Né à Saint-Mathieu de Quimper, en 1748, fils d'un
procureur au présidial. Réfugié en Espagne, devint
recteur de Fouesnant, au Concordat (2).

13. L'Haridon François-Marie, recteur de Châteaulin.
L'Haridon, dit de Penguilly, bachelier de Sorbonne,
devint, en 1789, recteur de Châteauneuf-du-Faou. En
1782, il logea, paraît-il, à Châteaulin, le tsarevitch
(Paul I"). Il émigra en Russie où il devint précepteur
des enfants du tsar. Il mourut en exil. Il ne faut pas le
confondre avec L'Haridon (Guillaume) originaire de
Douarnenez où il naquit en 1739, recteur de Scaër en
1789. Guillaume L'Haridon prêta le serment et se retira
à Douarnenez, sous la Terreur.

14. Tranvoëz Jean, recteur de Pleyben. Il avait 49 ans en
1789. En arrestation aux Carmes de Brest en 1791, puis
aux Capucins de Landerneau en 1794. Il est dit gout-
teux à cette époque ; transporté à l'île d'Aix en 1794.

15. Du Laurens Alexandre-Hyacinthe, recteur de Trégunc.
Du Laurens de La Barre, originaire de Concarneau et,
sans doute, parent du sénéchal de cette ville ; neveu

---

(1) Arch. municipales de Douarnenez, Reg. des délibérations, an II
et an III.

(2) Son frère Jérôme-René Le Siner était procureur à Quimper, rue
du Chapeau-Rouge. Menacés d'arrestation par un arrêté du département du
Finistère, en date du 1er juillet 1792, les recteurs Le Siner, De Perrien,
Guenno et Le Bescond de Coatpont, ainsi qu'une trentaine d'autres prêtres,
descendirent l'Odet sur des barques de pêcheurs, dans la nuit du 1er au 2
juillet. Un petit navire qui les attendait au large de Bénodet les trans-
porta à Bilbao où ils arrivèrent le 5 juillet.

du chanoine et vicaire-général du même nom. Ancien recteur de Plonéour-Lanvern ; il se réfugia, en 1792, à Orléans où il passa la Terreur, gérant un petit bureau de tabacs. Recteur de Trégunc, au Concordat, puis peu après, chanoine de Quimper. Il mourut en 1818 (1).

16. **De Coatpont** (Le Bescond), Rolland-Michel, recteur de Poullan. Fils d'un procureur et notaire de Quimper. Succéda, en 1786, à son oncle Raoulin comme recteur de Poullan. Raoulin, âgé de 75 ans, démissionna en sa faveur, moyennant une pension viagère de 500 l. Le Bescond de Coatpont, réfugié en Espagne, dut rentrer, sous le Directoire, car en 1798, il fut déporté à l'île de Ré. Il devint curé de Saint-Louis de Brest après le Concordat.

17. **Bernetz** Louis, recteur de Querrien. Agé de 83 ans en 1789, présida, comme doyen, l'assemblée des électeurs du clergé. Réfractaire ; en arrestation en 1793.

18. **Le Bihan** Guillaume, recteur de Brasparts. Refusa le serment et provoqua des troubles à Brasparts en 1791. Le 22 novembre 1791, le conseil général du Finistère, réuni à ce moment, ordonna l'arrestation de Le Bihan et celle de son vicaire Le Page. Le vicaire seul put être appréhendé (2).

19. **Le Guexno** Hervé, recteur de Pouldergat. Arrêté le 2 mai 1792 ; réfugié à Bilbao, en Espagne.

20. **De Mauduit** Antoine-Adrien, recteur de Plovan. De Mauduit du Plessis émigra en Espagne ; devint, au Concordat, curé de Plogastel-Saint-Germain puis de Crozon et enfin vicaire-général à Quimper.

---

(1) Abbé Théphany, *La persécution religieuse*, op. cit. p. 253.

(2) *Procès-verbal des séances du département du Finistère*, in-4°, Derrien, Quimper, 1792, p. 14.

21. LISCOAT François, supérieur du séminaire de Quimper, Réfugié en Espagne.

22. BOISSIÈRE Dominique-Henri-Alexandre, prieur commendataire du Moustoir, (en Elliant). Né à Rennes, vers 1744, il était, en 1789, secrétaire de Mgr de Saint-Luc à l'évêché de Quimper et vice-promoteur du diocèse. Au Concordat, devint chanoine de Quimper ; mourut en 1805.

23. GRASCOEUR René, recteur d'Esquibien. Il avait 41 ans en 1789. Demeura curé constitutionnel d'Esquibien. En l'an V, il prêta le serment de haine à la royauté.

24. KERLEX Pierre-Joseph, prieur-recteur de Daoulas. Né à Quimper vers 1743. Réfractaire ; en arrestation à Landerneau en 1794 ; déporté à l'île d'Aix où il mourut la même année.

25. LE BAUT Guillaume, recteur de Cast. Assermenté ; fut l'un des 9 recteurs du Finistère qui participèrent à l'élection de l'évêque constitutionnel Expilly, en 1790.

26. LE COÉDIC Joseph, recteur de Plomodiern. Dut prêter le serment car il y avait deux prêtres assermentés à Plomodiern, au début de 1791.

27. BERTHO Mathurin, recteur du Faouët. Né vers 1743, ancien recteur de Motreff. Dut prêter le serment. En l'an IX, il était ministre du culte à Quimperlé, (paroisse Saint-Michel). La même année, il fut élu sur la liste des notabilités départementales (1).

28. COLLET Jean-Paul-François, doyen de Rostrenen. Originaire de Rennes, âgé de 35 ans en 1789. Comme doyen de la collégiale de Rostrenen, il était recteur-décimateur de la paroisse de Kergrist-Moellou.

---

(1) Arch. du Finistère, F. (fonds Hémon), n° 2. Liste des notabilités.

29. HUET Gabriel, prieur de l'abbaye de Bon-Repos. Prêta le serment. En 1797, l'ex-bernardin Huet était commissaire du directoire exécutif au canton de Broons (Côtes-du-Nord) (1).

30. BLANCHARD Mathurin, chanoine-recteur de Carhaix. Il avait 58 ans en 1789. Ancien professeur au collège de Quimper, puis recteur de Plouguer et chanoine de l'église Saint-Trémeur. Révolutionnaire ardent, il sera, en l'an II, avec Allain-Launay, un des agents les plus actifs du parti montagnard, à Carhaix (2).

31. LE BIHAN Jean-Bénigne, recteur de Plonéis. Né à Saint-Martin, en 1731, ancien vicaire de Crozon et de Kergrist-Moellou, recteur de Plonéis depuis 1780.

32. RIOU Jean-Étienne, recteur de Lababan. Né en 1735, au village de Hellez en Dinéault, recteur de Lababan depuis 1775. Ayant refusé le serment, il se tint caché dans sa paroisse, déguisé en paysan. Arrêté en 1794, il fut condamné à mort par le tribunal criminel du Finistère et guillotiné à Quimper (3).

L'assemblée des électeurs du diocèse. — L'assemblée des électeurs siégea, du lundi de la Quasimodo, 20 avril, au jeudi 23, dans une salle du Séminaire de Quimper (Hospice actuel). Tous les électeurs furent présents, à l'exception de Tranvœz, recteur de Pleyben, qui donna procuration « en bonne et due forme » à son voisin Lharidon recteur de Châteaulin (4). L'assemblée élut, pour président, son doyen

---

(1) H. Pommeret, *L'esprit public dans les Côtes-du-Nord pendant la Révolution*, p. 376.

(2) P. Hémon, *Carhaix et le district de Carhaix pendant la Révolution*, passim.

(3) *Bulletin diocésain d'histoire et d'archéologie*, op. cit. 1918, p. 63.

(4) L'appel des électeurs ayant été fait, l'assemblée, « de suite, sortit

d'âge, l'abbé Louis Bernetz, recteur de Querrien, et, pour secrétaire, Dominique-Henri-Alexandre Boissière, prieur commendataire du Moustoir et secrétaire de l'évêché de Quimper.

Le nombre des députés à élire par le clergé du second ordre n'avait pas encore été fixé. Par une lettre datée de Saint-Brieuc, le 17 avril, le Commandant en chef et l'Intendant avisaient l'assemblée que le nombre de ces députés serait fixé incessamment, « d'après les résultats qui auront été pris à Saint-Brieuc ». En attendant de nouveaux ordres de Sa Majesté, les électeurs étaient priés « de suspendre l'élection des députés aux Etats généraux et de rester réunis dans la ville épiscopale ».

Intervention du Tiers. — A la même époque, du 16 au 22 avril, les électeurs des paroisses de la sénéchaussée de Quimper se trouvaient réunis à Quimper pour l'élection des députés du Tiers. Ils siégeaient au Collège, dans la salle dite « des actes publics », l'auditoire du présidial étant trop exigu.

Le bruit s'était répandu que l'assemblée diocésaine avait subi trop passivement l'influence du Haut-Clergé et de la Noblesse et que par suite les résultats de cette assemblée n'étaient pas de nature à satisfaire les paysans. Peut-être serait-il à propos, par une démarche courtoise auprès des électeurs du corps pastoral de contrebalancer les ingérences indiscrètes et autoritaires des ordres privilégiés ? Les députés des campagnes résolurent donc de présenter une adresse aux recteurs réunis, en ce moment, à Quimper. Le 20 avril, au matin, leur porte-parole, un bourgeois, sans doute, justifia la démarche en ces termes :

« Messieurs, la voix publique nous apprend qu'en leur

pour aller assister à la messe qui a été célébrée par M. l'abbé Bernetz, doyen de MM. les recteurs du diocèse », après laquelle on chanta « les prières accoutumées pour le roi ». Procès-verbal, op. cit. 20 avril.

assemblée des 2 et 3 de ce mois, nos pasteurs n'ont pas osé tous suivre la douce inclination qui les porte ordinairement à s'occuper de nos maux. Des hommes ennemis de notre bonheur ont cherché et trouvé les moyens de devenir membres d'une assemblée à laquelle les règlements ne les avaient point appelés et dont ils auraient dû se défendre eux-mêmes l'entrée, puisqu'ils ne renonçaient pas à ce serment affreux par lequel les nobles et le clergé du premier ordre ont prétendu enchaîner le corps national et rendre inutiles pour nous les projets bienfaisants de notre souverain.

« Nous savons encore que quelques ecclésiastiques qui ne sont pas du corps pastoral et qui ne sont pas dignes de partager les sentiments de nos pasteurs ont essayé de les intimider en les menaçant du crédit du Haut-Clergé.

« On nous a même assuré, et c'est là notre douleur, que quelques membres du corps pastoral se sont laissés séduire par le Haut-Clergé et les insinuations de la Noblesse. Ces honnêtes pasteurs ont oublié, un moment, que les habitants des campagnes sont aussi leurs frères et, s'ils ont usé de la prépondérance toujours accordée à l'âge, qui suppose avec l'expérience une habitude plus longue de la vertu, ce n'a été que pour retarder et empêcher même les réclamations des généreux et utiles pasteurs qui demandaient à s'occuper de nos maux.

« Alors que le peuple est instruit qu'on trahit sa cause, il est naturel qu'il se réveille pour aller la défendre et je crois, mes chers concitoyens, que la raison nous commande la démarche que je vous propose.

« Notre vue rappellera à tous les membres de cette assemblée qu'ils vivent sans cesse au milieu de nous et que c'est de nous qu'ils tiennent leur existence. Ceux dont nous avons à nous plaindre reviendront aux sentiments qu'ils ont quittés sans s'en apercevoir, et ceux qui ont cessé de vouloir qu'on s'occupe de nous reprendront, en nous voyant, l'énergie qu'ils n'auraient jamais perdue si le Haut-Clergé, moins impérieux, avait pu se persuader qu'un simple prêtre est aussi revêtu du caractère sacré de ministre des autels » (1).

L'assemblée, après avoir « admis d'une voix unanime l'adresse proposée » désigna neuf de ses membres pour la présenter à l'assemblée des électeurs diocésains. Cette délégation comprenait : Souché de la Brémaudière, de Plomelin ; Le Baron de Boisjaffray, de Kerfeunteun ; Le Pape, de Loctudy ; Le Brun, de Peumerit ; David, de Laz ; Tymen, de Briec ; Le Pape, de Plonéour ; Guitot, de Plomelin ; Le Bot, de Plougastel-Daoulas.

Une adresse des députés des campagnes. — « L'adresse des députés des campagnes de la sénéchaussée de Quimper à MM. les électeurs du corps pastoral », très habilement rédigée par des bourgeois, résume avec une netteté vigoureuse les plaintes des paysans. Louanges discrètes au clergé paroissial, amertume des plaintes, véhémence des revendications, tout y est exprimé de la manière la plus judicieuse et la plus propre à persuader.

On y disait :

« Messieurs, les bons et utiles pasteurs qui s'occupent de près et journellement de l'indigence et de l'assistance du peuple connaissent plus intimement ses maux et ses appréhensions et c'est pour mieux connaître elle-même les maux de ses peuples que Sa Majesté vous appelle avec nous aux États généraux du royaume.

« Peu capables d'indiquer, avec la source de nos maux, les moyens qui restent encore pour les adoucir, nous avons besoin que votre justice s'accorde avec l'affection dont vous ne cessez de nous donner des preuves et nous sommes

_____

(1) Archives du Finistère. Procès-verbal de l'assemblée de la sénéchaussée de Quimper, 20 avril 1789.

persuadés d'avance qu'en accomplissant le plus saint comme le plus doux de leurs devoirs, nos généreux pasteurs, qui sont nos amis, se feront notre appui le plus ferme pour nous délivrer de l'humiliante oppression où nous sommes réduits...

« Vous êtes les témoins de nos souffrances. Dites donc au meilleur des souverains combien de fois vous nous avez vu arracher à la culture de nos moissons pour aller rendre plus facile la course rapide des chars d'honneur riches et souvent inutiles à l'Etat.

« Les milices dépeuplent nos campagnes. Dites donc à notre roi que vous avez vu nous arracher nos enfants... Il est nécessaire, sans doute, que l'Etat ait des soldats ; il est nécessaire qu'il ait des marins. Mais si la guerre est un mal général, si elle ne se fait que pour protéger les propriétés des citoyens, tous les citoyens ne doivent-ils pas en partager les maux ?

« Vous savez aussi, nos chers pasteurs, que le Tiers-Etat en général et les habitants des campagnes surtout sont infiniment maltraités dans la répartition actuelle des impôts... Pour éviter les effets trop funestes de l'accord qui règne entre la Noblesse et le Clergé du premier ordre, demandez que partout où la nation s'occupera, par elle-même ou par ses représentants, des intérêts communs de la société, le Tiers ait, à lui seul, autant de députés que les deux autres ordres réunis.

« Le Tiers, qui rend justice à votre dévouement pour la chose publique, réclame partout votre assistance. Demandez donc à prendre part à toutes les délibérations...

« La banalité des moulins nous retient dans une sorte de servage. Vous savez combien la nature du domaine congéable nuit au progrès de l'agriculture et à la propagation des bois. Vous savez combien les droits des seigneurs de rembourser les colons ruinent chaque année de familles. Dites un mot de cette manière de posséder qui nous laisse toujours dans l'incertitude de savoir si nous pourrons reposer demain sous le toit que nous fîmes élever hier...

« Pour alléger le joug qui nous est imposé, dites encore un
mot des corvées et des aides coutumières auxquelles nous
sommes assujettis. Quelle est donc la loi d'équité qui peut
contraindre le simple laboureur à porter, à ses frais, les
pierres et les bois destinés à rebâtir la maison de son seigneur ?
Eclairez enfin, nos chers pasteurs. éclairez la nation et le roi
sur nos vrais besoins. Elevez la voix en notre faveur ! » (1).

Dans l'après-midi du 20 avril, en réponse à la démarche
faite le matin, une députation des électeurs diocésains se
présenta à l'assemblée du Tiers. Les délégués du clergé,
Loëdon, recteur de Beuzec-Cap-Caval, Guino, recteur d'Elliant,
Dumoulin, recteur d'Ergué-Gabéric, et Huet, prieur de Bon-
Repos, déclarèrent qu'ils avaient « le plus vif désir de contri-
buer au bonheur de leurs concitoyens et assurèrent qu'ils
allaient s'occuper de l'adresse des députés des campagnes
dont ils connaissaient les besoins » (2).

La rédaction du cahier. — En vue de compléter le cahier
de doléances, différents mémoires avaient été adressés par des
membres du clergé. Lecture en fut donnée à l'assemblée qui
désigna une commission de 8 membres « pour refondre les
différents mémoires dans les charges déjà arrêtées, pour en
former un seul et même cahier ». Cette commission comprenait : MM. Hervé, recteur de Guiscriff, De Perrien, recteur de
Plouhinec, le R. P. Johannic, prieur des Carmes de Pont-
l'Abbé, Liscoat. supérieur du séminaire de Quimper. Loëdon,
recteur de Gourin. Blanchard, recteur de Carhaix. Le Guenno,
recteur de Pouldergat. et Guino, recteur d'Elliant (3).

La rédaction des charges dut être laborieuse car, en ce qui

---

(1) Archives du Finistère, cahiers de doléances.

(2) Procès-verbal de la sénéchaussée, op. cit.

(3) Procès-verbal de l'assemblée des électeurs du diocèse, op. cit.,
20 avril.

concernait les doléances du Tiers. L'unité de vues était loin d'être complète. Tandis que certains recteurs estimaient d'une nécessité primordiale la réduction des privilèges de la Noblesse et du Haut-Clergé, d'autres se montraient plus soucieux de préserver leurs propres privilèges, à l'encontre des revendications égalitaires du Tiers. Les plus âgés étaient les plus conservateurs et, sans doute, les plus clairvoyants. Ennemis des nouveautés, par tempérament et par tradition d'église, ils jugeaient que des réformes profondes auraient infailliblement pour rançon le sacrifice de tous les privilèges d'impôts. C'était, à leur avis, pour un bénéfice aléatoire, courir des risques certains.

Dans la matinée du 21 avril, pendant que cette commission, « dans un appartement séparé », s'occupait de la rédaction définitive des charges, un courrier extraordinaire, venant de Saint-Brieuc, apporta au subdélégué de Quimper les ordres attendus. Aussitôt, Le Goazre remit au président une lettre datée du 19 avril, « portant que l'intention de Sa Majesté était que l'assemblée nommât 3 députés et que cette élection eût lieu incessamment, afin que les députés pussent être rendus à Versailles, le 27 de ce mois ».

Le même jour, des correspondances particulières firent connaître les résolutions prises à Saint-Brieuc par les ordres privilégiés qui persistaient à ne pas députer aux Etats généraux et, d'avance, désavouaient tous ceux qui « prétendraient représenter aux Etats généraux la Province ou quelqu'un des ordres qui la composent ». En continuant leurs opérations électorales, les électeurs du Bas-Clergé savaient donc, officieusement, mais pertinemment, qu'ils encouraient le blâme du Haut-Clergé qui les accusait « d'opérer dans le clergé une division sans exemple, aussi funeste à la religion qu'au bien de la Province ».

MM. les commissaires de la rédaction furent priés « de presser leur travail le plus qu'il leur serait possible ». Dans l'après-midi, l'assemblée adopta « le cahier des charges et doléances. au nombre de 26 articles ».

Les vœux et doléances du clergé. — Il eût été fort inté-ressant de connaître ce cahier dans sa teneur exacte. Malheu-reusement toutes les recherches que nous avons faites pour le retrouver sont demeurées infructueuses. Le procès-verbal qui a été conservé ne nous renseigne qu'imparfaitement sur les charges et doléances de l'assemblée diocésaine.

MM. Sée et Lesort qui ont étudié les cahiers du Bas-Clergé des diocèses de Rennes, Dol. Saint-Malo et Tréguier y trou-vent d'assez grandes analogies avec les doléances du Tiers. « Tous ces cahiers. modérés dans leur forme, demandent l'égalité de tous les citoyens devant la loi et devant l'impôt, le rétablissement de l'ordre et de l'économie dans les finances, la périodicité des États généraux et la création de commissions intermédiaires entre leurs sessions. la reconstitution des synodes diocésains et l'extension de leurs attributions, la restitution des dîmes aux pasteurs des paroisses, la préférence en faveur des recteurs âgés pour la nomination aux cano-nicats, etc.. » (1).

Au dire de M. Kerviler. le cahier du diocèse de Quimper mérite cependant une mention spéciale. « Il se sépare de ceux des autres diocèses. au sujet des privilèges de l'ordre. et ne consent aux impôts que sous forme d'abonnement ».

« Les députés, déclare-t-il, demanderont la conservation des privilèges du clergé et le droit de s'imposer lui-même, de n'offrir au roi que des *dons gratuits*, les seuls qui soient analogues à la nature des biens dont il jouit et dont chaque individu n'est que l'usufruitier ».

« Puis, il ajoutait deux articles spéciaux pour demander,

-----

(1) H. Sée et A. Lesort, *Cahiers de doléances de la sénéchaussée de Rennes*, t. ɪ., p. cx.

l'un, que les catholiques fussent appelés aux charges et offices publics à l'exclusion des a-catholiques, l'autre, que les Jésuites, le cas échéant, fussent rappelés et, sinon, qu'aucun corps ne reçut la charge de l'instruction publique s'il ne dépendait de l'ordinaire » (1).

Ainsi, sur deux points essentiels, tout au moins, l'égalité des citoyens et la laïcité de l'Etat, le Bas-Clergé cornouaillais se séparait du Tiers.

Refus du clergé de Léon. — Seul, en Bretagne, le clergé du Léon se soumit aux injonctions des ordres privilégiés et refusa de députer aux Etats généraux. Cependant la convocation du second ordre du clergé y fut, à la fin de mars 1789, favorablement accueillie par la majorité des recteurs. Ceux-ci réunis à Saint-Pol, le 2 avril, désignèrent leurs 10 électeurs du second degré. Les suffrages se portèrent en majorité sur des ecclésiastiques qui jouissaient d'une large aisance. La plupart des recteurs élus étaient titulaires d'importants bénéfices-cures et profitaient des gros fruits de leur paroisse. Douze de ces bénéfices pouvaient être comptés au nombre des 24 meilleurs bénéfices attribués, en Léon, au clergé de second ordre. Huit d'entre eux (Cléder, Ploudaniel, Ploudiry, Plouvorn, Taulé, Ploudalmézeau, Guimiliau et Sizun), pouvaient même être rangés parmi les 12 meilleurs. Deux recteurs seulement se trouvaient à la portion congrue : ceux du Minihy-Saint-Pol et de Saint-Martin. Mais, à Saint-Pol et à Saint-Martin, l'importance du casuel suppléait aux dîmes. Les 3 recteurs les moins favorisés étaient à la tête de paroisses de moyenne importance : Sibiril, La Forêt et Landunvez qui comptaient chacune environ 1.200 habitants.

A l'instigation des privilégiés, quelques recteurs recom-

---

(1) R. Kerviler, *La Bretagne pendant la Révolution*, Société des Bibliophiles bretons, 1912, p. 13.

mandèrent l'abstention. Néanmoins, les électeurs du second degré, résolus à poursuivre leur mission, s'assemblèrent, le 20 avril, à Saint-Pol, en vue de choisir leurs députés aux Etats généraux. Le 21 avril, au cours de leurs travaux, les électeurs eurent connaissance des décisions prises à Saint-Brieuc, les 19 et 20 avril, par la Noblesse et le Haut-Clergé qui déclaraient « désavouer formellement tous ceux qui, n'ayant pas été nommés par les Etats de Bretagne, prétendraient représenter, aux Etats généraux, la Province ou quelqu'un des ordres qui la composent ». Par 12 voix contre 8, l'assemblée décida de suivre l'exemple du Haut-Clergé (1).

L'élection des députés. — Le 22 avril on procéda aux élections. Les 3 scrutateurs furent les recteurs Bernetz, Hervé et Leissègues de Rozaven. Successivement furent proclamés : 1er député, Guillaume Hervé, recteur de Guiscriff, supérieur des missions du diocèse ; second député, Jean-Marie de Leissègues-Rozaven, recteur de Plogonnec ; troisième député, Jacques-Louis Guino, recteur d'Elliant. « Sur l'observation qu'il serait à propos de nommer un suppléant, en cas de maladie, refus ou autre empêchement de la part des sus-dits députés », on désigna, par la voie du scrutin, pour député suppléant, Nicolas-Joseph Loëdon de Keronen, recteur de Gourin.

Le 23 avril, et peut-être, la veille au soir, on apprit à Quimper que les électeurs du clergé de Léon, instruits de la décision prise par les deux ordres convoqués à Saint-Brieuc, avaient, dès le mardi 21 avril, à la majorité de 4 voix, décidé de se ranger à l'avis des privilégiés et de ne point nommer de députés. Ces nouvelles n'ébranlèrent pas la volonté de la majorité mais il est permis de croire que quelques membres

---

(1) Abbé J. Tanguy, *Une ville bretonne sous la Révolution* (Saint-Pol-de-Léon), Brest, 1903, p. 27 et sqq.

de l'assemblée virent croître leurs hésitations et leurs scrupules.

A l'ouverture de la séance du 23, le 1ᵉʳ député, Hervé « déclara que son âge, sa mauvaise santé et ses infirmités ne lui permettaient pas de répondre à la confiance de l'assemblée ». En conséquence, il fut décidé que le suppléant, Loëdon de Keromen, se rendrait aux Etats généraux.

Charges supplémentaires et conditionnelles. — Sur ces entrefaites aussi, on connut à Quimper la « Protestation de la Noblesse » et la « Déclaration et protestation de l'ordre de l'Eglise assemblé à Saint-Brieuc ». Le bruit se répandait que le Bas-Clergé breton suivrait l'exemple des ordres privilégiés et que, tout au moins, « plusieurs diocèses de la Province ne députeraient pas aux Etats généraux ».

Envisageant diverses éventualités, l'assemblée compléta ainsi ses charges : « Nous, électeurs, enjoignant à nos députés de se rendre à Versailles, leur avons donné charge de ne se présenter aux dits Etats que dans le cas ou 4 diocèses de Bretagne, non compris celui de Quimper, y auraient envoyé des députés, à moins toutefois qu'ils ne reçussent des ordres du roi, auxquels ils se conformeront. Qu'avenant que nos députés n'assisteraient pas aux Etats généraux ou qu'ils ne reçussent pas des ordres du roi, nous déclarons adhérer à la délibération prise par le premier et le second ordre de l'Eglise assemblés à Saint-Brieuc, le 17 du présent mois, et nous en rapporter, en ce qui concerne la répartition des impositions, à celle qui sera consentie par le clergé de France ».

*
* *

Les résultats des assemblées du clergé cornouaillais furent considérés comme un succès pour le Tiers. « Malgré les insinuations du clergé de premier ordre, dit le subdélégué

Le Goazre, nos recteurs ont nommé pour députés aux États généraux MM. Leissègues de Rozaven, Guino et Loëdon. Ils préparent leur voyage et partiront » (1). Succès relatif cependant puisque sur un point capital, la question des impôts, le clergé réclamait le maintien de ses privilèges. Mais le choix des députés paraissait d'un bon augure. On savait ces députés « désireux de s'occuper des besoins du peuple ». L'un d'entre eux, Guino avait même été chargé, le 20 avril, d'en donner l'assurance aux représentants du Tiers.

Les Députés à Versailles. — On sait qu'à Versailles, « les Bretons prirent une place à part et une situation prépondérante, soit qu'ils eussent acquis dans les États de la province une plus grande expérience de la vie publique et des débats parlementaires, soit qu'ils apportassent dans leurs motions une énergie et une ténacité toutes bretonnes » (2).

L'expérience leur avait appris « à régler entre eux une marche uniforme » et à concerter toujours leurs votes. Or, à Versailles, comme à Rennes, ils étaient résolus, selon l'expression de l'un d'entre eux à « marcher du même pied ». Aussi, dès leur arrivée à Versailles, les députés bretons s'occupèrent-ils de trouver un local où ils pourraient s'assembler tous les soirs. Ce local ayant été retenu dès le 30 avril, la « Chambre de Bretagne » qui deviendra bientôt le « club breton » y tint des séances régulières. L'entente fut tout de suite parfaite

---

(1) Arch. d'I.-et-V. C. 1808.

Au moment de leur départ pour Versailles, « Guino et Loëdon prirent sur leur compte de puiser dans la caisse du receveur des décimes une somme de 1.200 l. pour frais de route ». L'insouciant Laënnec négligea de réclamer le remboursement de cette avance. A la fin de 1792, l'administration du Finistère s'aperçut de l'irrégularité commise et demanda la restitution des 1.200 l. Mais à ce moment, Loëdon et Leissègues étaient déjà fugitifs. — Cf. *Rapport des opérations du Directoire du Finistère*, in-4° Brest. Gauchlet. 1793, p. 16.

(2) B. Pocquet, *Les origines de la Révolution en Bretagne*, t. II. p. 372.

entre les députés des diverses sénéchaussées et l'on espérait bien que les recteurs bretons ne manqueraient pas de lier leur cause à celle du Tiers.

De leur côté, les 20 députés du clergé breton entendaient agir de concert. De part et d'autre, on estimait que toute dissidence dans la députation bretonne serait pernicieuse et qu'au contraire l'unité de vues serait un gage de succès. Des conférences entre les Députés des deux ordres préparèrent l'harmonie désirée et, dès le 3 mai, d'un commun accord, on « décida de travailler à établir la concordance entre tous les cahiers des sénéchaussées et ceux du clergé du deuxième ordre et, le surlendemain, 12 commissaires furent désignés pour commencer ce travail ».

Ainsi, l'unité de la représentation bretonne était réalisée en fait, six semaines avant l'unité de la représentation nationale.

Le 10 juin, les recteurs bretons déclarèrent nettement, à la Chambre du clergé vouloir la fusion des trois ordres et, par suite, la délibération en commun et le vote par tête. Ils entendaient donner au Tiers, non seulement une adhésion individuelle, mais l'adhésion collective de la majorité de l'ordre de l'Église. C'est pour obtenir cette majorité qu'ils demeurèrent provisoirement à la Chambre du clergé.

On sait que, las d'attendre, 3 curés du Poitou se joignirent au Tiers, le 13 juin. Le lendemain, 2 recteurs bretons suivirent leur exemple. Quand, le 17 juin, le Tiers État se constitua en Assemblée nationale, 3 recteurs bretons s'étaient déjà ralliés aux députés des communes. Dès lors, les événements se précipitèrent. Le 19 juin, il se trouva, à la Chambre de l'Église, une faible majorité en faveur de la vérification des pouvoirs en commun. Cette décision assurait désormais le triomphe du Tiers. Les privilégiés et la Cour sentirent douloureusement le coup qui leur était porté ; alors leur apparut la nécessité d'un coup d'État auquel répondit par avance le serment du Jeu de Paume.

Les premières défections des curés avaient provoqué une violente colère dans la Noblesse bretonne. Le comte de Quélen écrivait, le 15 juin, au Président de Saint-Luc. « Samedi, 3 curés ont déserté la Chambre ecclésiastique et se sont jetés à celle du Tiers. MM. du Tiers s'attendent à une recrue de la Noblesse. Mais je ne crois pas qu'aucun membre ose faire une pareille lâcheté. L'indignation suivrait de près cette démarche et on ne s'y exposera pas. Les choses sont au point qu'il faudra que Sa Majesté montre son autorité pour contenir l'ordre du Tiers qui est si insubordonné ». Le 24 juin, le même correspondant ajoutait : « Les députés bretons sont les plus fougueux. Lundi dernier, le Tiers s'assembla dans l'église Saint-Louis de Versailles et y prit un arrêté violent. Sept évêques ont abandonné la Chambre de l'Église pour se joindre à lui, ainsi que la plupart des curés. Voilà une salade bien deshonorante pour eux, si toutefois on peut deshonorer ceux qui sont sans honneur » (1).

*
* *

On sait qu'à la fin de juillet 1789, le clergé de Léon se ravisa. Convoqué à nouveau, le 3 août, cette fois, avec l'assentiment de Mgr de La Marche, les électeurs choisirent enfin 2 députés : Dom Claude Verguet, prieur de l'abbaye du Relecq et Louis-Alexandre Expilly, recteur de la paroisse de Saint-Martin de Morlaix. L'attitude résolue de la majorité de la Constituante et les récents mouvements populaires avaient fait fléchir l'opiniâtreté de beaucoup de privilégiés, en Bretagne. Certes, le clergé du Léon éprouva quelque gêne à s'excuser de ses hésitations et de son retard : « Les soussignés électeurs, dans leur assemblée du 21 avril dernier, par la

(1) Arch. nationales, W. 423.

fatalité des circonstances, s'étant trouvés incertains sur les moyens de coopérer au bien public et de remplir les vœux du roi, de la nation et de leurs commettants, se virent avec douleur obligés d'arrêter l'ardeur de leur zèle, en différant la députation dont ils s'étaient chargés...

« ... Aujourd'hui que l'auguste Assemblée des États généraux qui par sa sagesse, son courage et sa fermeté remplit l'Europe d'admiration et annonce le bonheur du monarque et du peuple, leur permet de faire usage de leurs pouvoirs et de la confiance de leurs commettants, ils saisissent avec empressement l'heureux moment de devenir les témoins et les admirateurs présents des merveilles qui assurent à jamais la félicité de l'Empire français et s'ils n'ont pas pu partager jusqu'à présent ses glorieux travaux et les dangers qu'elle a courus, ils se feront, au moins, gloire d'imiter ses grands exemples de générosité, d'énergie et de patriotisme et de les suivre constamment, pendant le reste de la carrière qu'elle a ouverte d'une manière si éclatante » (1).

*
* *

L'attitude résolue des députés bretons et la cohésion spontanément établie entre eux durent frapper d'étonnement les contemporains. Dès le mois de mai 1789, le « Hérault de la Nation » disait : « Les curés de Bretagne sont appelés dans leur chambre la phalange macédonienne et les représentants du peuple breton, les grenadiers des États généraux ».

Les trois députés du clergé de Cornouaille, Leissègues, Guino et Loëdon, ne parlèrent point à l'Assemblée constituante. « Ce trumvirat de recteurs semble avoir fait une ligue de silence », disait, en parlant d'eux, l'Almanach des Députés

---

(1) Abbé J. Tanguy, *Une ville bretonne sous la Révolution*, op. cit. p. 29 et sq.

de l'Assemblée nationale. Tous trois votèrent à peu près constamment. avec la gauche de l'Assemblée et prêtèrent le serment. Toutefois, Leissègues et Loëdon se rétractèrent et moururent en exil (1). Quant à Guino, il demeura toujours un ferme partisan de la constitution civile. Rentré dans sa paroisse d'Elliant. à l'expiration de son mandat à la Constituante, il fut l'auxiliaire le plus dévoué de l'évêque Expilly pour l'organisation de l'église constitutionnelle. A la mort de ce dernier, Guino présida le presbytère ou collège de prêtres assermentés chargé d'administrer provisoirement le diocèse. Il fut le véritable remplaçant de l'évêque, de 1794 jusqu'à l'élection de l'évêque Audrein, en 1798. Nommé curé de Recouvrance à Brest. au Concordat, il mourut, en 1808, sans avoir rien renié de son passé révolutionnaire.

(1) Parmi les 28 députés du clergé breton qui siégèrent à l'Assemblée constituante, « 17 prêtèrent le serment à la constitution civile du clergé, mais 7 d'entre eux le rétractèrent officiellement et se résignèrent à l'exil ». R. Kerviler, *op. cit.* p. 14.

IV

APPENDICE

Les Revenus ecclésiastiques d'après les rôles des décimes. — Une étude attentive des rôles des décimes (1) permet, croyons-nous, d'établir approximativement les revenus du clergé de Cornouaille, à la fin de l'ancien régime. On sait que les décimes étaient un impôt sur les revenus ecclésiastiques. Cet impôt se percevait chaque année, en deux termes. Les rôles en étaient dressés, dans chaque évêché, par une commission diocésaine qui offrait toute garantie de compétence et d'équité. Ainsi, pour la Cornouaille, le rôle de 1785 (terme d'octobre), s'élevant à 25.506 l. 16 sols, fut arrêté, sous la présidence de Mgr de Saint-Luc, par une commission de 9 membres (3 chanoines et 6 recteurs) : MM. Du Laurents, chanoine, Cossoul, chanoine, député, De Larchantel, chanoine, syndic du clergé, De Perrien, recteur de Bannalec, Heussaf d'Oixant, recteur de Crozon, Hyroë, recteur de Fouesnant, Denis, recteur d'Ergué-Gabéric, De Bernetz, recteur de Querrien et Floyd, recteur de Plusquellec.

Les revenus des divers bénéfices étant connus par les déclarations des recteurs, contrôlées, au besoin, par des enquêtes, la commission ou bureau diocésain fixait la contribution de chaque bénéficier aussi équitablement que possible, c'est-à-dire suivant un tarif progressif. Nous ignorons quel barème fut appliqué ; nous avons essayé de le découvrir, en étudiant les rapports variables existant entre la quotité de l'impôt et le chiffre des revenus, quand ces revenus nous

(1) Arch. du Finistère, 1 G. 457 à 460.

étaient connus. Or les revenus d'un certain nombre de bénéfices nous sont révélés par des documents d'archives : déclarations des bénéficiers, cahiers de doléances ou indications
portées en marge des minutes des rôles, comme en 1789.

Utilisant ces divers renseignements, nous avons cru pouvoir
établir le barême suivant : le taux de l'imposition était
d'environ 4 % pour 1.000 l. de revenu. Ce taux progressait de
0. 25 par centaine de livres : il était de 5 % pour 1.400 l., de
6 % pour 1.800 l., 7 % pour 2.200 l., 8 % pour 2.600 l.,
9 % pour 3.000 l. A partir de 3.000 l., la progression se
ralentissait : elle n'était plus, semble-t-il, que de 0.10 % et l'on
payait pour 4.000 l., 10 % ; pour 5.000 l., 11 %. et ainsi de
suite jusqu'à 24 % pour 18.000 l., le revenu le plus élevé.

L'application de ce barème révèle quelques anomalies
apparentes, notamment en ce qui concerne les revenus de
l'évêché et ceux du chapitre.

Les revenus de l'évêque (18.000 à 20.000 l., d'après la
déclaration de Mgr de Saint-Luc et les inventaires faits en 1790),
ne semblent pas concorder avec le barême que nous avons
adopté. Au taux de 24 % afférent au chiffre de 18.000 l. de
revenu, les décimes de l'évêque eussent été de 4.320 l. En
fait, l'évêque payait 2.668 l. L'anomalie s'explique de la
manière suivante : la mense épiscopale et la mense abbatiale
formaient, pour le calcul de l'impôt, deux cotes distinctes
d'environ 9.000 l. chacune, auxquelles s'appliquait le taux de
15 %.

Une remarque du même genre s'impose à propos des revenus
communs du chapitre. La côte de 120 l. correspond au revenu
de 1.920 l. Ce chiffre est manifestement insuffisant. En réalité.
ce revenu devait être d'environ 6.000 l. ; mais à la portion
minime revenant à chaque chanoine ne pouvait s'appliquer
qu'un taux modéré, 2 à 3 %. Vraisemblablement, les diverses
petites cotes n'ont été groupées au rôle que pour la simpli-
fication des écritures.

Il eût été intéressant de comparer le taux des décimes, en Cornouaille, à celui usité dans les autres évêchés bretons. M. Rébillon a étudié très soigneusement les revenus du clergé dans la majeure partie du diocèse de Rennes. Malheureusement, il n'a pu trouver aucun état d'ensemble des décimes de ce clergé. L'auteur a cherché vainement quel principe réglait la répartition de ces décimes. Il lui a paru que le taux en était absolument arbitraire. Utilisant les chiffres cités par M. Rébillon (1), nous leur avons appliqué le barème qui a servi en Cornouaille, et nous avons constaté que, dans la majorité des cas, les résultats concordaient sensiblement. Au surplus, M. Rébillon établit que le taux moyen des décimes, pour les recteurs, était de 5.73 % de leurs revenus ; en Cornouaille, ce taux s'élevait à 6.20 %. La différence n'est pas très considérable et elle peut provenir du petit nombre des cas envisagés par M. Rébillon. Sans doute, M. Rébillon a rencontré des anomalies : à des revenus, à peu près équivalents, correspondent, parfois, des taxes très différentes. En l'absence de documents d'ensemble, il est permis de croire que ces inégalités apparentes sont dues à des erreurs ou à des lacunes dans certains états de revenus ou des charges.

Revenus des recteurs (2).

Crozon 6.200 h., Heussaf d'Oixant, 5.000 l.-4.800 l.

Bothoa 6.700 h. *(Canihuel, Lanrivain, Kerien, Sainte-Tréphine)*, Beubry, 4.500 l.-4.500 l.

Elliant 4.800 h. *(Locmaria-an-Hent, Rosporden, Saint-Yvi)*, Guino, 3.000 l.-3.850 l.

---

(1) A. Rébillon, *La situation économique du clergé*, op. cit., introduction et passim.

(2) Le nom de la paroisse est suivi du chiffre approximatif de sa population, trèves comprises. Nous indiquons, en italiques et entre parenthèses, le nom des trèves. Le nom du recteur est suivi du chiffre

Guiscriff 4.500 h. *(Lanvénégen)*, Hervé, 4.000 l.-3.600 l.

Fouesnant 2.200 h. *(La Forêt-Fouesnant)*, Hyroé, 3.000 l.-3.000 l.

Neuillac 3.000 h. *(Hémonstoir, Kergrist)*, Hervé, 3.000 l.-3.000 l.

Plomeur 1.800 h., Le Siner, 3.000 l.-2.750 l.

Plovan 1.100 h., De Mauduit du Plessis, 3.000 l.-2.750 l.

Plogonnec 2.400 h., Leissègues de Rozaven, 2.400 l.-2.620 l.

Plouguernével 3.700 h. *(Bonen, Goarec, Locmaria)*, Poho, 2.620 l. Paroisse unie au petit séminaire.

Laniscat 2.700 h. *(Rosquelven, Saint-Gelven, Saint-Igeaux)*, Olivier, 2.400 l.-2.600 l.

Loctudy 1.700 h. (comprenait partie de Pont-l'Abbé), Denis, 2.400 l.-2.600 l.

Moëlan 3.200 h., Lamarre, 2.400 l.-2.600 l.

Mur 4.000 h. *(Saint-Connec, Saint-Guen)*, Le Coq, 2.400 l.-2.600 l.

Plounévez-Quintin 2.900 h. *(Trémargat)*, Baudrémont, 2.400 l.-2.600 l.

Saint-Mayeux 3.170 h. *(Caurel, Saint-Gilles-Vieux-Marché)*, Georgelin, 2.600 l.

Duault 3.800 h. *(Bertulet, Locarn, Saint-Nicodème, Saint-Servais)*, Corbel, 3.000 l.-2.530 l.

Plusquellec 3.650 h. *(Botmel, Calanhel)*, Floyd, 2.400 l.-2.530 l.

Rostrenen et **Kergrist** 3.000 h., Collet, doyen de la collégiale de Rostrenen et recteur décimateur de Kergrist-Moellou, 2.530 l.

Hanvec 2.600 h. *(Rumengol, Lanvoy)*, Bourillon, 3.000 l.-2.460 l. Dîmes à l'abbaye de Daoulas.

<hr>

de son revenu. Quand il y a deux chiffres pour le revenu, le 1er est celui qui figure en marge de la minute du rôle de 1789. (Archives du Finistère, 1 G. 460). Le second a été établi, à priori, d'après le barème adopté. Quand il n'y a qu'un chiffre, il correspond au barème.

Melgven 1.950 h. *(Cadol)*, Le Pennec, 2.000 l.-2.450 l.

Querrien 2.000 h., de Bernetz, 2.400 l.

Châteauneuf-du-Faou 2.800 h. *(Le Moustoir)*, L'Haridon, 2.400 l.-2.300 l.

Cléden-Poher 2.000 h. *(Kergloff)*, Riou, 2.000 l.-2.300 l.

Irvillac 2.100 h. *(Saint-Eloy)*, Corvaisier, 3.000 l.-2.300 l. Dîmes à l'abbaye de Daoulas.

Langonnet 3.000 h. *(La Trinité)*, Le Monze, 2.400 l.-2.300 l.

Maël-Carhaix 1.800 h., Février, 2.000 l.-2.300 l.

Paule 1.650 h., Le Guillou, 2.000 l.-2.300 l.

Penmarc'h 1.000 h., Pochet, 2.300 l.

Plobannalec 2.200 h. (comprenait partie de Pont-l'Abbé), Le Meur, 1.800 l.-2.300 l.

Plonévez-du-Faou 6.600 h. *(Collorec, Loqueffret)*, Laffeter, 1.500 l.-2.300 l. Prébende de l'archidiacre de Poher.

Plouhinec 2.000 h., de Perrien, 2.000 l.-2.300 l.

Scaër 4.000 h. Prébende. L'Haridon, 2.300 l.

Scrignac 3.200 h. *(Bolazec, Coalquéau)*, Bernard. 2.300 l.

Le Faouët 3.300 h., Bertho. 2.400 l.-2.300 l.

Cléden-Cap-Sizun 1.500 h., Gloaguen, 2.000 l.-2.250 l.

Vieux-Bourg-Quintin 2.400 h. *(Le Leslay, Saint-Gildas)*, Le Boudet, 2.220 l.

Esquibien 2.300 h. *(Audierne)*, Grascœur, 2.400 l.-2.000 l.

Trégunc 3.000 h., Du Laurents, 2.000 l. Dîmes au chapitre.

Laz 2.000 h. *(Saint-Goazec)*, Jacob, 1.800 l.-1.950 l.

Ploaré 3.200 h. *(Douarnenez, Le Juch, Gourlizon)*, Le Clerc, 2.000 l.-1.950 l.

Poullaouen 2.800 h. *(Saint-Tudec)*, Cadic. 2.400 l.-1.950 l.

Clohars-Carnoët 2.450 h., Le Gorgeu, 1.800 l.-1.930 l. Dîmes à l'abbaye de Saint-Maurice.

Mahalon 1.600 h. *(Guiler)*, Sobier, 1.800 l.-1.900 l.

Peumerit-Cap 1.160 h., Le Bihan, 1.800 l.-1.900 l.

Plozévet 2.200 h., prébende. Le Gendre, 1.800 l.-1.900 l.

Kernével 1.700 h., Cavellat, 1.850 l.

Poullan 1.800 h., Le Bescond de Coatpont, 1.800 l.-1.850 l.

Glomel 3.600 h. *(Saint-Michel, Trégornan)*, Droniou, 1.820 l. Dîmes au chapitre.

Cast 1.400 h., Le Baut, 1.800 l.-1.820 l.

Plougastel-Daoulas 4.000 h., Cornily, 1.500 l.-1.820 l. Dîmes à l'abbaye de Daoulas.

Saint-Caradec 2.000 h., Servel, 1.800 l.

Brasparts 2.400 h. *(Saint-Rivoal)*, Le Bihan, 1.500 l.-1.700 l.

Bulat-Pestivien 1.415 h., Pezron, 1.500 l.-1.700 l.

Ergué-Gabéric 1.800 h., Dumoulin, 1.800 l.-1.700 l.

Gouézec 1.350 h., David, 1.800 l.-1.700 l.

Plévin 1.260 h., Le Flohic, 1.500 l.-1.700 l.

Plogoff 900 h., Le Gall, 1.380 l.-1.700 l.

Plussulien 1.362 h., Bigaignon, 1.500 l.-1.700 l.

Spézet 2.400 h., prébende, Causer, 1.700 l.

Telgruc 1.350 h., Gloaguen, 1.700 l.

Trébrivan 1.840 h. *(Le Moustoir)*, Royou, 1.700 l.

Bannalec 3.600 h. *(Trébalay)*, Olivoy, 1.500 l.-1.650 l. Prébende.

Riec 2.500 h., David, 1.650 l. Dîmes à l'abbaye de Saint-Maurice.

Lababan 350 h., Rion, 1.500 l.-1.650. l.

Beuzec-Cap-Caval 1.500 h. *(Saint-Jean-Trolimon)*, Loëdon, 1.800 l.-1.630 l. Prébende de l'archidiacre de Cornouaille.

Rosnoën 2.000 h. *(Le Faou)*, Lévénez, 1.620 l.

Berrien 3.500 h. *(Le Huelgoat, Locmaria)*, Kernaléguen, 1.500 l.-1.560 l. Prébende de nul rapport.

Beuzec-Conq 2.900 h. *(Concarneau)*, Le Goff, 1.500 l.-1.560 l.

Bodéo 2.400 h. *(La Harmoye)*, Ducouédic, 1.500 l.-1.560 l.

Briec 4.700 h. *(Landudal, Langolen, Quilinen)*. Le Chevalier, 1.500 l.-1.560 l. Vicariat à la présentation du chapitre.

Corlay (Bas) 1.040 h., Le Jacq, 1.500 l.-1.560 l.

Haut-Corlay 1.730 h. *(Saint-Bihy)*, Le Guennauf, 1.560 l.

Kerfeunteun 1.200 h., Mignon, 1.560 l. Dîmes au chapitre et à l'évêque.

Leuhan 1.200 h., Le Bricon, 1.200 l.-1.560 l.

Nizon 1.700 h., Le Breton, 1.650 l.-1.560 l. Pont-Aven en dépendait.

Perguet (aujourd'hui Bénodet) 750 h., Pellerin, 1.200 l.-1.560 l.

Plonéour-Lanvern 2.200 h., Morvan, 1.200 l.-1.560 l. Dîmes au chapitre.

Plonévez-Porzay 2.200 h. *(Kerlaz)*, Le Maître, 1.500 l.-1.560 l.

Plonivel 650 h., Besniel, 1.500 l.-1.560 l.

Plouyé 1.800 h., Fournier, 1.200 l.-1.560 l.

Pluguffan 1.400 h., Le Flo, 1.200 l.-1.560 l. Prébende du trésorier.

Pouldreuzic 750 h., Dieuleveut, 1.500 l. -1.560 l.

Saint-Evarzec 700 h., Le Du, 1.560 l.

Saint-Hernin 1.100 h., Riou, 1.560 l.

Saint-Martin-des-Prés 1.500 h., Le Bihan, 1.560 l.

Trévoux (Le) 1.000 h., Laurent, 1.560 l.

Lopérec 1.600 h., Morvan, 1.200 l.-1.500 l.

Meilars 900 h., Pennanéach, 1.500 l.-1.500 l. Comprenait Notre-Dame de Confors.

Guengat 1.000 h., Le Gorgeu, 1.350 l.-1.440 l.

Landeleau 1.200 h., Jean-G. Le Bris, 1.280 l.-1.380 l. Prébende.

Loperhet 1.300 h., Jannou, 1.200 l.-1.380 l.

Névez 1.600 h., Galliot, 1.500 l.-1.380 l. Prébende.

Pleyben 5.700 h. *(Le Cloître, La Trinité)*, Tranvoëz, 2.000 l.-1.380 l. Dîmes à l'évêque.

Gouesnac'h 650 h., Saint-Jalme, 1.300 l.

Goulien 700 h., Le Pape, 1.200 l.-1.300 l.

Plomelin 850 h., Lagadec, 1.200 l.-1.300 l.

Plomodiern 1.900 h., Le Coëdic, 1.200 l.-1.300 l., Prébende.

Pouldergat 1.800 h., Le Guenno, 1.500 l.-1.300 l. Portion de dîmes au prieuré de l'île Tristan (Douarnenez).

Primelin 1.000 h. *(Saint-Tugen)*, Herviant, 1.300 l.

Treffiagat 600 h., Larour, 1.300 l.

Trégourez 1.000 h., Caëron, 1.300 l.

Tréguennec 5oo h., Calvez, 1.3oo l.

Plogastel-Saint-Germain 1.200 h , Tromeur, 1.200 l.-1.3oo l.

Beuzec-Cap-Sizun 2.6oo h. *(Pont-Croix)*, Billon résidait à Pont-Croix, 1.200 l.-1.240 l. Trois petites prébendes au chapitre.

Clohars-Fouesnant 5oo h., Démézit, 1.200 l.-1.240 l.

Combrit 2.700 h. *(Lambour, Ile-Tudy)*, Dilhuit, 1.200 l.- 1.240 l. Prébende.

Dirinon 1.6oo h. *(Saint-Urbain, Trévarn)*, **Le Gac du** Quistillic, 1.200 l.-1.240 l. Dìmes à l'abbaye de Daoulas.

Landudec 9oo h., Andro, 1.000 l. 1.240 l. Une portion de dìmes à l'évêque.

Lanriec 95o h., Tanguy, 1.200 l.-1.240 l.

Lennon 1.200 h., Bannalec, 1.5oo l.-1.240 l.

Logonna-Daoulas 1.100 h., Auffret, 1.200 l.-1.240 l. Dìmes à l'abbaye de Daoulas.

Motreff 9oo h., Tanguy, 1 200 l.-1.240 l.

Plounévézel 1.100 h. *Saint-Idunet, Sainte-Catherine)*, Beuzit, 1.200 l.-1.240 l.

Quimerc'h 1.400 h. *(Logonna)*, Le Doaré, 1.240 l.

Roscanvel 7oo h., Graveran, 1.240 l.

Saint-Nic 7oo h., Le Nir, 1.240 l.

Tréméoc 8oo h., Le Denmat, 1.240 l.

Pleuven 6oo h., Quéré, 1.000 l.-1.15o l.

Saint-Gilles-Pligeaux 3.9oo h. *(Saint-Connan, Kerpert)*, Philippe, 1.15o l. Dìmes à l'abbaye de Coatmalouen.

Saint-Thurien 1.000 h., Le Gorgeu, 1.15o l.

Cuzon 8oo h., Queinec, 1.000 l.-1.140 l. Portion de dìmes à l'évêque.

Carhaix et Plouguer 2.8oo h. *(Saint-Quijeau, Treffrin)*, Blanchard, 1.200 l.-1.100 l. Carhaix était une collégiale de 4 chanoines.

Carnoët 1.700 h., prébende, *(Saint-Corentin)*, Meyniel, 1.200 l.-1.100 l.

Coray 1.400 h., Kergourlay, 1.200 l.-1.100 l. Dîmes à l'évêque.

Dinéault 1.300 h., Falher, 1.200 l.-1.100 l. Dîmes à Landévennec.

Edern 1.250 h. *(Guellevain)*, Pennec, 1.200 l.-1.100 l.

Gourin 5.800 h. *(Roudouallec, Le Saint)*, Loëdon de Keromen, 1.100 l. Dîmes à l'évêque.

Landrévarzec 1.000 h., Corgat, 1.000 l.-1.100 l. Dîmes à l'abbaye de Landévennec.

Plonéis 1.000 h., Le Bihan, 1.200 l.-1.100 l.

Plourah 1.020 h., Le Gloannec, 1.200 l.-1 100 l.

Saint-Michel (Quimperlé), Barbé, 1.100 l.

Châteaulin 1.800 h., Le Coz, 1.200 l.-1.080 l. Prieuré dépendant de Landévennec.

Argol 1.400 h., Chaulex, 1.000 l.-1.020 l. (Trégarvan, trève).

Quéménéven 1.100 h., Tallouarn, 1.020 l. Prébende.

Ploéven-Porzay 700 h., H. Savina, 1.000 l.-960 l.

Tréogat 500 h., Lozach, 980 l.

Tourc'h 650 h., Le Du, 960 l.

Baye 500 h., Boezedan, 800 l.-940 l.

Ergué-Armel 1.000 h., Daniélou, 1.000 l.-940 l.

Mellac 1.300 h., Le Guillou, 950 l. Dîmes à l'abbaye de Sainte-Croix.

Merléac 4.000 h. *(Le Quillio)*, Le Méhauté, 1.800 l.-950 l. Prébende du grand-chantre.

Saint-Colomban (Quimperlé), Teignier 950 l.

Saint-Thois 800 h., Hervé, 930 l.

Tréméven 750 h., Rannou, 920 l.

Locronan 1.000 h., Le Houarner, 1.200 l.-940 l. Prieuré dépendant de Sainte-Croix.

Lanvern 600 h. *(Saint-Honoré)*, Bloas, 1.000 l.-900 l. Prieuré dépendant de Landévennec.

Mael-Pestivien 1.200 h., Le Bouloign, 850 l.

Daoulas 500 h., Kerlen, 800 l.-850 l. Prieuré dépendant de l'abbaye.

Lannédern 620 h., Guermeur, 1.000 l.-800 l.

Lothéa 1.000 h. *(Trévoaler)*, Galiot, 800 l. Dîmes à Sainte-Croix.

Saint-Thomas (Landerneau), Bodénez, 750 l. Bénéfice dépendant de Daoulas.

Lothey 750 h., Le Can, 900 l.-750 l.

La Chandeleur (Quimper), Goasguen, 750 l. Desservie à la cathédrale.

Saint-Julien (Quimper), Quéré, 750 l. Desservie à la cathédrale.

Saint-Mathieu (Quimper), Coroller, 750 l. Prébende de nul rapport.

Saint-Sauveur (Quimper), Kerudalem, 750 l.

Bodivit 300 h., Compagnon, 700 l. (Aujourd'hui en Plomelin).

Landévennec 700 h., Riou, 650 l. Dépendait de l'abbaye.

Locamand 750 h., Vidal, 1.000 l.-650 l. Dîmes au collège de Quimper (Aujourd'hui en La Forêt-Fouesnant).

Camaret 900 h., Marchand, 600 l.-600 l. Dîmes à l'abbaye de Daoulas.

Locunolé 900 h., Keranguyader, 620 l.

Penhars 700 h., Quilleroux, 900 l.-620 l.

Saint-Esprit (Quimper), Balboux, 620 l.

Locmaria (Quimper) 650 h., Lalau, 700 l.-600 l. Dépendait du prieuré.

Tréogan 300 h., Sanson, 600 l.

Feuillée (La) 1.000 h., Le Bris, 500 l. Dépendait de la Commanderie.

Peumerit-Quintin 400 h., Le Moing, 300 l.

Saint-Coulitz 400 h., Poho, 300 l.

Saint-Ronan (Quimper), Bourbria, 300 l.

Quilliou (Le) 300 h., David, 150 l. (en Plonévez-du-Faou). Prieuré-cure dépendant de Locmaria-Quimper).

N.-B. — Kergrist-Moellou, taxée avec sa trève de Rostrenen. Saint-Ségal, taxée avec la paroisse de Pleyben.

Revenus des fabriques. — Nous avons classé les paroisses, suivant le chiffre global des décimes de leurs fabriques et chapelles sans titulaires. Il importe de remarquer que ce chiffre ne représente pas une cote unique mais un ensemble de petites cotes ou cédules, en nombre variable, souvent 4 ou 5, parfois 12 à 15. Nous ignorons quels tarifs étaient appliqués à ces petites cotes. Vraisemblablement, ces tarifs devaient être modérés comme ceux qui frappaient les revenus des recteurs, au-dessous de 1.000 l., soit 3, 3,50 à 4 %. Ainsi une imposition de 46 l. à Plogastel-Saint-Germain correspondait à un revenu global de 1.300 l. ; pour un revenu de 1.000 l., la chapelle de Saint-Tugen payait 41 l. de décimes et la chapelle de La Croix, en Cléden, pour 254 l. était taxée 10 l. Les décimes de l'ensemble des fabriques du diocèse s'élevant à 10.042 l., leurs revenus, calculés au taux moyen de 3,50 %, pouvaient être évalués à 286.900 l.

En général, les fabriques les mieux dotées étaient celles des paroisses les plus peuplées. Bothoa et Pleyben avaient plus de 5.000 l. de revenus. Cependant Crozon, peuplée de plus de 6.000 habitants, qui fournissait à son recteur un beau revenu de 5.000 l., ne donnait à sa fabrique que des revenus médiocres : environ 2.300 l. Le plus souvent, les grosses paroisses se subdivisaient en trèves multiples : Bothoa comptait 4 trèves, Duault 4, Laniscat, Ploaré et Briec 3. Dans ces cas, l'entretien de nombreux édifices dispersés était relativement plus coûteux. Mais lorsque leurs ressources n'étaient pas trop éparpillées, les fabriques parvenaient à édifier et à entretenir des monuments importants (1). Il en était ainsi à Penmarc'h, à Pleyben, à Locronan. Locronan

(1) En principe, les revenus des fabriques devaient servir exclusivement à l'entretien des édifices religieux et de leur mobilier et aux frais du culte. Exceptionnellement, en cas d'urgence, les généraux des paroisses pouvaient prélever une fraction des recettes des fabriques ; mais ces prélèvements gardaient toujours le caractère d'un emprunt.

était un bénéfice médiocre pour le recteur, mais sa fabrique était presque opulente avec ses 3.700 l. de revenus, ce qui permettait à ce bourg déchu d'entretenir une église ayant les proportions et la majesté d'une cathédrale.

D'après les rôles des décimes, les fabriques paroissiales pouvaient être classées comme suit, (ordre décroissant) :

1° Décimes : 179 l. à 140 l. Revenus, de 5.100 l. à 4.000 l. : Bothoa, Pleyben, Neuillac, Mur, Duault, Plusquellec, Bulat-Pestivien.

2° D. 132 l. à 104 l. R. 4.000 l. à 3.000 l. : Briec, Locronan, Plonévez-du-Faou, Plomodiern, Gourin, Hanvec, Guiscriff, Ploaré, Laniscat, Merléac, Elliant, Fouesnant, Combrit, Châteauneuf-du-Faou, Cléden-Cap-Sizun.

3° D. 103 l. à 87 l. R. 3.000 l. à 2.500 l. : Melgven, Rostrenen, Saint-Mayeux, Irvillac, Paule, Argol, Langonnet, Esquibien, Scaër, Trégunc, Ergué-Gabéric, Carhaix, Plouguernével, Trébrivan, Riec, Plonévez-Porzay, Carnoët, Bannalec, Le Faouët.

4° D. 87 l. à 70 l. R. 2.500 l. à 2.000 l. : Berrien, Dirinon, Plougastel-Daoulas, Châteaulin, Gouézec, Cléden-Poher, Nizon, Quéménéven, Saint-Gilles-Pligeaux Crozon, Edern, Spézet, Scrignac, Plounévez-Quintin, Moëlan, Poullaouën, Kerfeunteun, Meylars, Primelin, Brasparts, Vieux-Bourg-Quintin, Poullan, Glomel, Gouesnach, Beuzec-Cap-Sizun, Cast.

5° D. 70 l. à 55 l. R. 2.000 l. à 1.600 l. : Beuzec-Cap-Caval, Pouldergat, Plomeur, Plussulien, Plogonnec, Plozévet, Laz, Beuzec-Conq, Loctudy, Penmarc'h, Coray, Quimerc'h, Maël-Carhaix, Plogoff, Leuhan, Logonna-Daoulas.

6° D. 55 l. à 42. R. 1.600 l. à 1.200 l. : Plounévézel, Plévin, Mahalon, Goulien, Saint-Caradec, Saint-Nic, Plonéis,

Plouhinec, Pouldreuzic, Rosnoën, Ploéven-Porzay, Plogastel-Saint-Germain, Kernével, Landeleau, Clohars-Carnoët, Plonéour, Saint-Martin-des-Prés, Névez.

7° D. 36 l. à 28 l. R. 1.200 l. à 1 000 l. : Plovan, Camaret, Lennon, Locunolé, Bodéo, Plouyé, Loperhet, Clohars-Fouesnant, Landrévarzec, Locamand, Perguet, Dinéault, Haut-Corlay.

8ᵉ D. 36 l. à 28 l. R. 1 000 l. à 800 l. : Cuzon, Pluguffan, Corlay, Plourah, Lothéa, Saint-Thois, Plobannalec, Peumerit-Cap, Trégourez, Roscanvel, Tréméoc, Pleuven, Treffiagat, Motreff, Tréguennec.

9° D. 27 l. à 22 l. R. 800 l. à 600 l. : Le Trévoux, Lanvern, Lothey, Plonivel, Lababan, Saint-Hernin, Lanriec, Daoulas, Landudec, Mellac, Maël-Peslivien, Lannédern, Telgruc, Locmaria-Quimper, Tréméven, Guengat, Landévennec, Penhars, Saint-Thurien.

10° D. 21 l. à 11 l. R. 600 l. à 370 : Plomelin, Tréogat, Baye, Ergué-Armel, Bodivit, Saint-Coulitz, Tourch, Peumerit-Quintin, Le Quilliou, Saint-Evarzec.

Tréogant avait une taxe infime : 3 l. La paroisse de Querrien était, nous ignorons pour quel motif, exempte de décimes. La Feuillée, L'Hôpital-Camfrout, Kersgrist-Moellou et Saint-Ségal étaient taxées avec les bénéfices dont elles dépendaient. Il en était de même pour les paroisses de ville.

Les chapelles. — En dehors des chefs-lieux de paroisses ou de trèves, on trouvait, çà et là, dans la campagne cornouaillaise, d'innombrables chapelles. Plogonnec en possédait 6, Crozon, une quinzaine. La plupart d'entre elles étaient fort modestes et leur renom ne s'étendait guère au-delà de leur parcelle ou frairie. Les plus pauvres étaient taxées de 3 à 10 l. D'autres, plus favorisées, comme N.-D. de Penhors (Pouldreuzic), Sainte-Anne-de-la-

Palue (Plonévez-Porzay), Saint-Germain (Plogastel), N.-D. de
Kérinec (Poullan), Saint-Jacques (Pouldavid), payant de
15 à 25 l., possédaient des ressources équivalentes à celles de
la plupart des trêves ou même à celles des petites paroisses.

Parmi ces chapelles, il en était une demi-douzaine qui
méritent une mention spéciale, parce que les rôles des
décimes témoignent de leur importance ancienne. Presque
toutes consacrées à Notre-Dame, elles étaient, depuis le
moyen âge, des lieux de grands pardons et de pélerinages.
C'étaient, par rang d'importance, N. D. de Bulat (Pestivien),
N.-D. du Ménez-Hom (Plomodiern), N.-D. de Kerdévot
(Ergué-Gabéric), N.-D. de Kergoat (Quéménéven), Sainte-
Barbe (Le Faouët), N.-D. de Confors (Meilars). Les revenus
de ces chapelles provenaient presque exclusivement des
offrandes des pélerins. On peut les évaluer comme suit :
Bulat 2.100 l., N.-D. du Ménez-Hom 1.700, Kerdévot 1.450 l.,
Kergoat 1.350 l., Sainte-Barbe 1.140 l., Confors 1.000 l.

Récapitulation : Revenus et décimes en 1789.

	Revenus	Décimes	
Evêché et Landévennec . .	18.000	2.668	3.227
Chapitre et dignités. . . .	11.830	559	
Prébendes	18.150	1.081	
Abbayes	80.100	16.149	
Prieurés	19.990	2.472	
Communautés	73.180	7.982	
Chapelles ou chapellenies .	25.000	870	
Recteurs	265.465	16.386	26.428
Fabriques	286.914	10.042	
Totaux	789.629	58.211	

Le clergé du Finistère dans les assemblées révolutionnaires. — Cinq ecclésiastiques élus par leur ordre aux Etats-généraux, représentèrent, comme nous l'avons vu, le département du Finistère à la Constituante. Un autre ecclésiastique, l'abbé Gomaire, originaire du diocèse de Vannes, fut député du Finistère à la Convention.

Né en 1749, Gomaire était, depuis avril 1791, premier vicaire de l'évêque constitutionnel Expilly, quand l'assemblée électorale du Finistère (1), réunie à Brest, du 2 au 10 septembre 1792, le désigna pour siéger à la Convention où il se rangea parmi les Girondins. Membre de la Commission des Douze et l'un des 29 députés girondins décrétés d'arrestation lors du coup d'Etat du 2 juin 1793, il ne fut pas réélu dans le Finistère, en 1795. L'Assemblée électorale de France, chargée de compléter les deux tiers du Corps législatif qui devaient être obligatoirement choisis parmi les anciens conventionnels, comprit Gomaire sur la liste des 104 députés ainsi appelés à siéger. Gomaire entra aux Cinq-Cents. Il en sortit, son mandat expiré, le 20 mai 1798.

Trois anciens membres du clergé de Cornouaille furent élus aux assemblées révolutionnaires par d'autres départements : Bérardier, Le Coz et Audrein.

Bérardier Denis, né à Locmaria-Quimper en 1735, directeur du collège de Quimper, de 1762 à 1778, était grand-maître du collège Louis-le-Grand, à Paris, quand il fut élu aux Etats-Généraux. A la Constituante, il combattit la constitution civile du clergé. Il mourut en 1794.

Le Coz Claude, né à Plonévez-Porzay en 1740, dirigea le collège de Quimper de 1778 à 1791. Procureur-syndic du

---

(1) Cette assemblée électorale fut présidée par Gomaire, du 4 au 11 septembre. L'élection du président se fit « à la pluralité relative et par un seul scrutin ». Gomaire et Blad obtinrent 91 suffrages sur environ 450 votants. Gomaire fut proclamé président, au bénéfice de l'àge. Arch. nat. C. 178, n° 28.

district de Quimper en 1790, il fut élu, le 28 février 1791, évêque métropolitain d'Ille-et-Vilaine. Ce département le nomma, le 10 septembre 1791, député à la Législative (1).

Audrein Yves-Marie, né à Gouarec, paroisse de Plouguer-nevel, en 1741, ancien professeur au collège de Quimper, de 1762 à 1778, puis au collège Louis-le-Grand où il suivit l'abbé Bérardier, devint le 8 mai 1791, premier vicaire de l'évêque constitutionnel du Morbihan. Audrein fut élu député du Morbihan à la Législative puis à la Convention (2).

Quelques ecclésiatiques firent partie du Conseil général du Finistère et d'autres plus nombreux, électeurs du second degré, figurèrent dans les assemblées électorales du département et des districts.

I. — *Administrateurs du département* (3) :

1° Élus en juin 1790 : Le Baut, recteur de Cast, Lamarre, recteur de Moëlan, Jannou, recteur et maire de Loperhet, Goret recteur de Ploudalmézeau. Lamarre et Jannou furent éliminés, par la voie du sort, lors du renouvellement partiel du Conseil général, en septembre 1791. Le Baut et Goret sortirent en novembre 1792 et ne furent pas réélus ;

2° Élus le 18 septembre 1791 : Expilly évêque constitution-nel du Finistère, Gomaire, Jean-René, vicaire général consti-tutionnel. Gomaire sortit du Conseil général, le 9 septembre 1792, ayant été élu à la Convention ;

3° Élu le 15 novembre 1792. Au renouvellement intégral du du conseil général, à Lesneven (4), en novembre 1792, Expilly

<hr>

(1) Le P. Roussel, *La correspondance de Le Coz*, Paris, Picard, 1900.

(2) Sur Audrein, cf. P. Hémon, *Audrein* ; abbé Peyron, *Fin de l'église constitutionnelle dans le Finistère*, Quimper, 1897.

(3) Arch. du Finistère, S^{ie} F (Fonds Hémon, N° 2) ; Procès-verbaux des assemblées électorales du Finistère, 1790-1791-1792.

(4) L'assemblée électorale du Finistère qui siégea à Lesneven, du 11 au 18 novembre 1792, fut présidée par l'évêque Expilly. L'élection du

fut le seul ecclésiastique élu. On sait que, solidaire de ses collègues girondins, il partagea le sort des administrateurs du Finistère condamnés à mort par le tribunal révolutionnaire de Brest et guillotinés le 22 mai 1794.

II. — *Prêtres électeurs du 2° degré aux assemblées départementales :*

1° En juin 1790. Lamarre, recteur de Moëlan, Le Gorgeu, recteur de Clohars-Carnoët, Cavellat Yves, recteur de Kernével, L'Haridon, recteur de Scaër, Le Baut Guillaume, recteur de Cast, Le Pape Christophe, prêtre de Lopérec, Le Guellec Guillaume-Alexandre, prêtre de l'Ile-de-Sein, Jannou, recteur et maire de Loperhet, Grall, recteur de Pleyber-Christ, Kerneau François, recteur de Plougonven, Goret Jean, recteur de Ploudalmézeau ;

2° En septembre 1791. Le Denmat, curé de Tréméoc, Le Hars Antoine-Marie, curé de Plovan, Mocaër Tanguy-Marie, curé du canton de Plougastel-Daoulas, Le Gall Barthélémy, curé de Plouguerneau, Bizien Roland, curé du canton de Guiquelleau, Grall Charles, recteur de Pleyber-Christ, Le Gall Yves-Marie, curé du canton de Lanmeur ;

3° En novembre 1792. Lagadec Jean, curé de Penhars, Lagadec Jean, l'oncle, curé de Plomelin, Le Hars Antoine, curé de Plogonnec, Savina Henri, curé de Crozon, Launai, curé du canton de Guipavas, Morel Jean, curé de Ploumoguer, Morvan François, curé de Plouzané, Mocaër Tanguy, curé du canton de Ploudiry, Le Gall Yves-Marie, curé du canton de Lanmeur (1).

Notabilités départementales, en l'an IX (2). — Ministres du culte élus, dans le Finistère, en l'an IX, avant l'application

---

président se fit comme au mois de septembre précédent, à Brest, « à la pluralité relative et par un seul scrutin ». Expilly fut élu par 107 suffrages sur 195 votants.

(1-2) Arch. du Finistère, F (Fonds Hémon, N° 2) ; Listes des notabilités.

du Concordat, pour figurer sur la liste des notabilités départementales établie, le 5 mars 1802. Tous ces ecclésiastiques étaient de la Cornouaille.

Bertho, de Quimperlé, Coadou, de Plogonnec, Le Coz, de Quimper, Favennec, du Faou, Loëdon Jérôme, de Saint-Jean-Trolimon, Marchadour, de Châteaulin, Le Moine, de Châteaulin, Ollitrault, professeur à l'école centrale, Quimper, Poyet et Sérandour, de Quimper, Quillivic, de Cast et Saouzanet, de Fouesnant.

A cette liste, il convient d'ajouter Hurault, ex-abbé, bibliothécaire à Quimper et Feilla (Louis-Claude), curé de Poullan en 1793 et secrétaire de la mairie de Quimper en 1802.

Jean SAVINA.

TABLE DES MATIÈRES